상위권으로 가는 **문제** 해결 연산 학습지

응용 연산

S3
6~7세

받아올림이 없는 한 자리 수의 덧셈

Creative to Math

씨투엠

응용연산 : 상위권으로 가는 문제해결 연산 학습지

요즘 아이들은 초등학교 입학 전에 연산 문제집 한 권 정도는 풀어본 경험이 있습니다. 어릴 때부터 연산 문제를 많이 풀었기 때문에 아이들은 아직 학교에서 배우지 않은 계산 문제를 슥슥 풀어서 부모님들을 흐뭇하게 만들기도 합니다. 그런데 아이들의 연산 능력은 날로 높아지지만 수학 실력은 과거에 비해 그다지 늘지 않은 것 같습니다. 사실 진짜 수학 실력은 연산 문제나 사고력 수학 문제를 주로 푸는 초등 저학년 때는 잘 드러나지 않습니다. 응용 문제를 본격적으로 풀기 시작하는 초등 3, 4학년이 되어서야 아이의 수학 실력을 판별할 수 있습니다.

초등 수학에서 연산이 가장 중요한 것은 부정할 수 없는 사실입니다. 중학생, 고등학생이 되어서 부족한 연산 능력을 키우는 것은 거의 불가능합니다. 이러한 연산의 특수성 때문에 아이들은 어린 나이부터 연산을 반복적으로 연습하여 실력을 키우려고 합니다. 이렇게 열심히 연산을 공부하는데도 왜 어떤 아이들은 수학 문제를 잘 풀지 못하는 것일까요? 그 이유는 현재 연산 학습의 목적이 단지 '계산을 잘 하는 것'이 되어버렸기 때문입니다. 연산은 연산 자체가 목적이 될 수 없으며 수학의 진짜 목표인 문제를 잘 풀기 위한 수단으로 연산을 학습해야 합니다.

과거 초등 수학 교과서의 연산 단원은 ① 원리와 연습 ② 문장제 활용의 단순한 구성이었습니다만 요즘의 교과서는 많이 달라졌습니다. 원리와 연습은 그대로이거나 조금 줄었지만 연산을 응용하는 방식은 좀 더 다양해졌습니다. 계산 능력의 향상만을 꾀하는 것이 아니라 여러 가지 퍼즐이나 수학적 상황 등을 해결할 수 있는 '응용력'에 초점을 맞추고 있다는 것을 보여주는 변화입니다. 따라서 저희는 연산 학습지도 원리나 연습 위주에서 벗어나 실제 문제를 해결할 수 있는 능력에 포인트를 맞추어야 한다고 생각합니다.

'연산은 잘 하는데 수학 문제는 왜 못 풀까요?'에 대한 대답이자 대안으로 저희는 「응용연산」이라는 새로운 컨셉의 연산 학습지를 만들었습니다. 연산 원리를 이해하고 연습하는 것에 그치지 않고, 익힌 것을 활용하는 방법을 바로 보여줄 수 있어야 아이들이 수학 문제에 연산을 효과적으로 적용할 수 있습니다. 연습은 꼭 필요한 만큼만 하고, 더 중요한 응용 문제에 바로 도전함으로써 연산과 문제 해결이 단절되지 않게 하는 것이 「응용연산」에서 기대하는 가장 큰 목표입니다.

「응용연산」을 통해 아이들이 왜 연산을 해야 하는지 스스로 느낄 수 있을 것이라 자신합니다. 이제 연산은 '원리'나 '연습'이 아닌 스스로 문제를 해결할 수 있는 '응용력'입니다.

응용연산의 구성과 특징

- 매일 부담없이 4쪽씩 연산 학습
- 매주 4일간 단계별 연산 학습과 응용 문제를 통한 연산 실력 확인
- 매주 1일 형성평가로 테스트 및 복습

주차별 구성

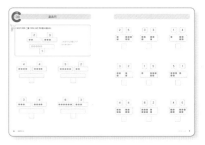

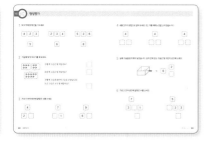

원리연산
대표 문제를 통해 학습하는 매일 새로운 단계별 연산 학습

응용연산
기본 문제와 응용 문제를 통한 응용력과 문제해결력 증진

형성평가
가장 중요한 유형을 다시 한번 복습하며 주차 학습 마무리

정답 및 해설

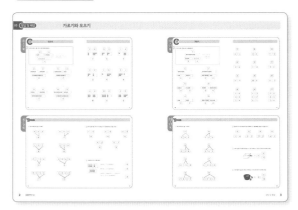

문제와 답을 한눈에 볼 수 있습니다.

이 책의 차례

1주차

가르기와 모으기

9까지의 수 가르기 모으기

모으기

개념
원리

모으기 하여 ◯를 그리고, 모은 개수를 써 봅시다.

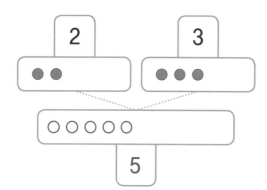

구슬 2개와 3개를 모으면
모두 5개입니다.

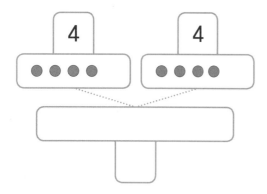

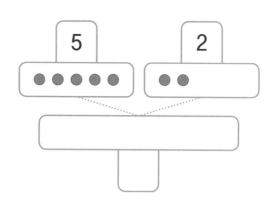

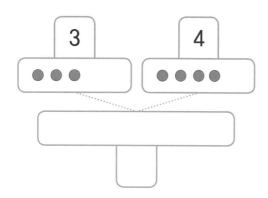

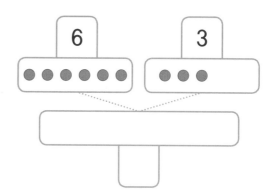

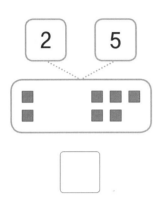

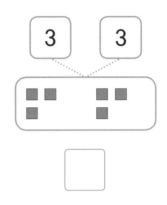

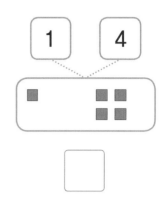

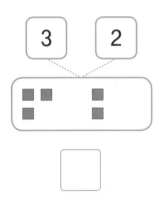

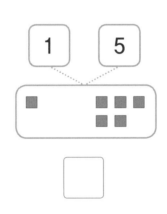

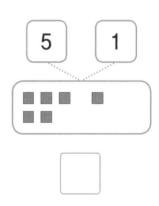

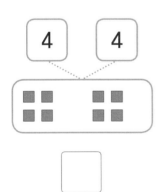

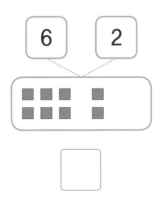

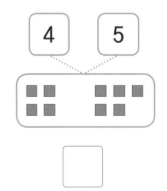

1   모으기에 맞게 선을 그으세요.

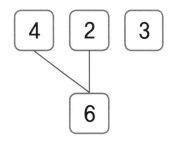

4	2	3

6

4	5	2

7

1	2	7

8

3	3	4

6

2	1	3	4

4

2	5	4	3

6

6	4	5	3

7

4	6	2	5

9

2 모아서 **6**이 되는 여러 가지 경우입니다. 빈칸에 알맞은 수를 쓰세요.

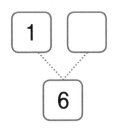

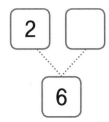

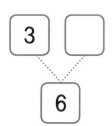

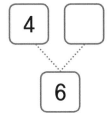

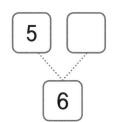

3 그림에 맞게 모으기를 하세요.

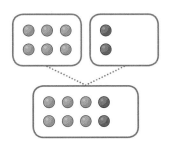

파란색 구슬은 몇 개일까요?   ☐ 개

빨간색 구슬은 몇 개일까요?   ☐ 개

파란색 구슬과 빨간색 구슬을 모았습니다.
모은 구슬은 모두 몇 개일까요?   ☐ 개

가르기

가르기 하여 ◯를 그리고, 수를 써 봅시다.

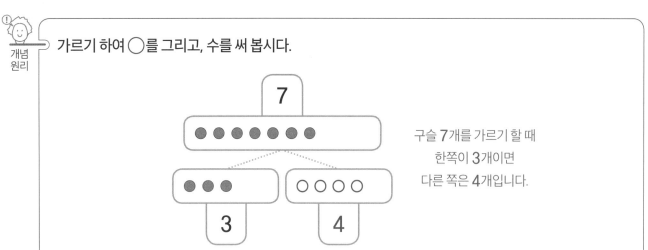

구슬 7개를 가르기 할 때
한쪽이 3개이면
다른 쪽은 4개입니다.

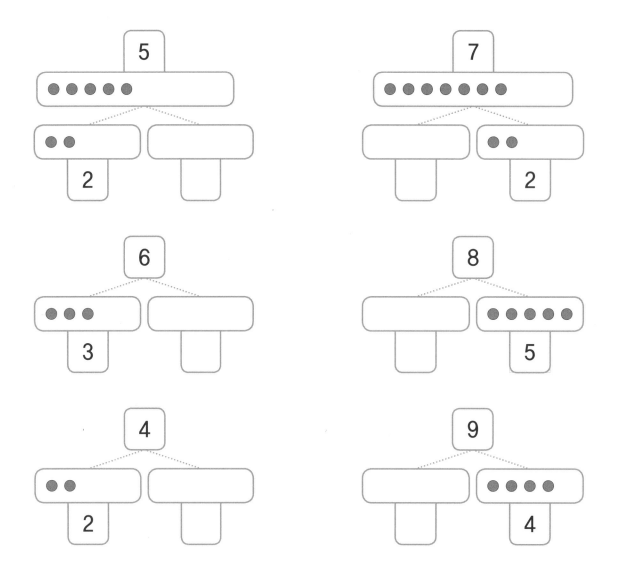

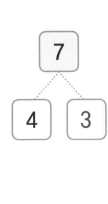

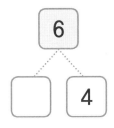

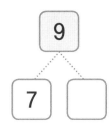

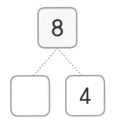

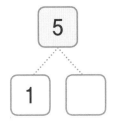

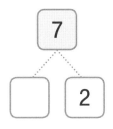

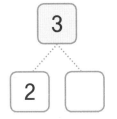

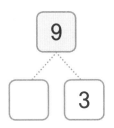

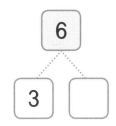

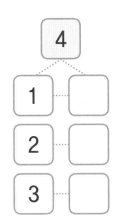

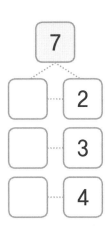

1 가르기에 맞게 선을 그으세요.

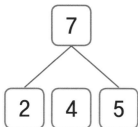

9

7   2   3

8

5   2   6

6

3   4   3

5

3   1   4   6

7

4   2   3   6

9

2   6   4   3

6

4   5   3   2

2 5를 4가지 다른 방법으로 갈라 보세요. (단, 가를 때에는 0을 쓰지 않습니다.)

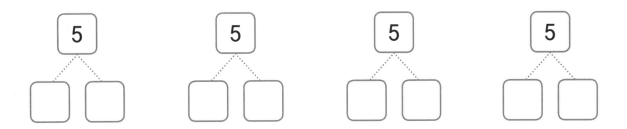

3 실에 구슬을 7개 꿰어 놓았습니다. 상자 안에 있는 구슬은 몇 개인지 빈칸에 쓰세요.

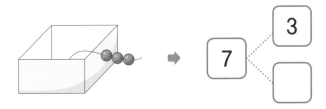

4 사과가 8개 있습니다. 바구니 안에 있는 사과는 몇 개인지 빈칸에 쓰세요.

가르기와 모으기

개념
원리

가르기 모으기 하여 빈칸에 알맞게 ◯를 그려 봅시다.

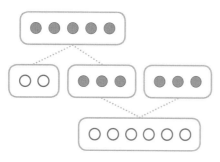

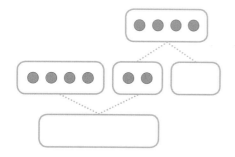

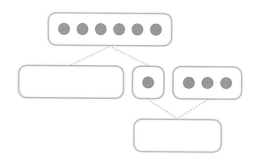

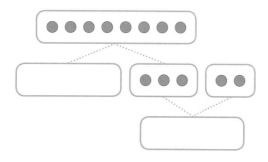

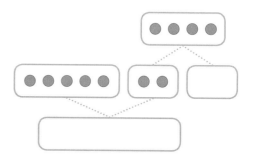

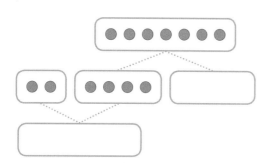

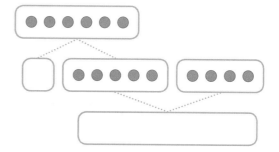

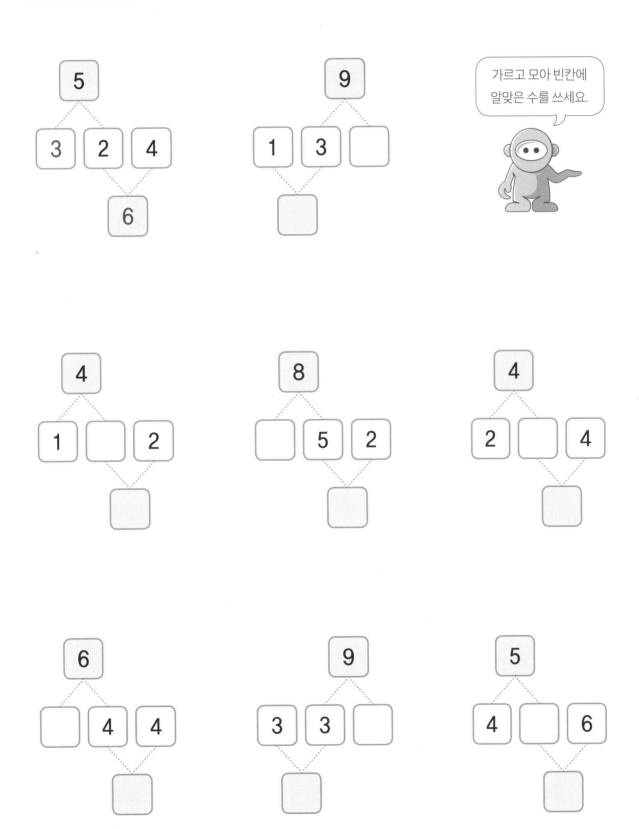

1 두 수 가르기 모으기에 맞게 선을 그으세요.

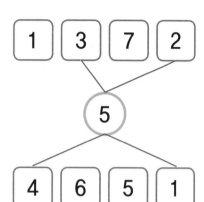

5	3	1	4

2	3	1	4

④ 4

2	1	1	2

4	2	4	5

⑧ 8

4	5	1	3

5	1	6	4

⑦ 7

4	2	5	6

8	3	4	6

⑨ 9

1	7	5	2

2 가르고 모아 빈칸에 알맞은 수를 쓰세요.

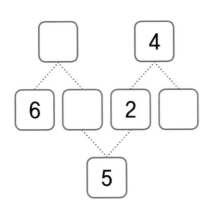 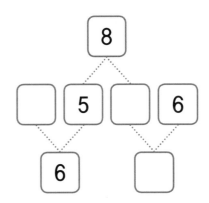

3 7과 2를 모은 수를 3과 ☐로 가르기 하였습니다. ☐는 얼마일까요?

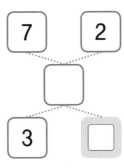

☐

4 2와 ☐를 모은 수를 1과 7로 가르기 하였습니다. ☐는 얼마일까요?

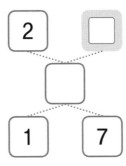

☐

세 수 모으기와 가르기

개념
원리

세 수 모으기와 가르기를 해 봅시다.

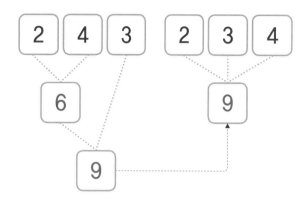

앞의 두 수를 모은 다음
모은 수와 나머지 수를
모읍니다.

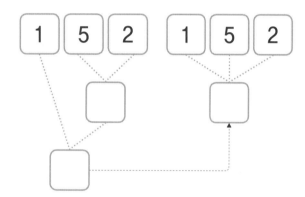

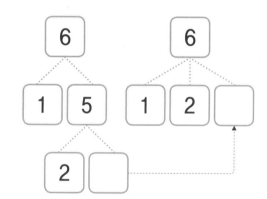

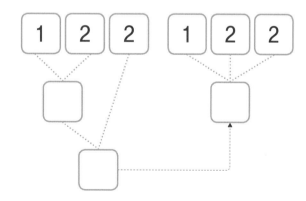

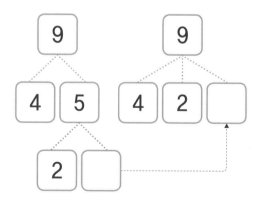

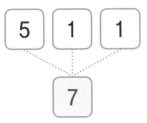

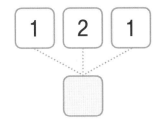

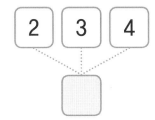

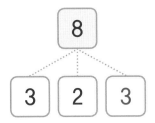

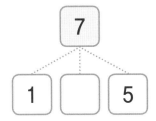

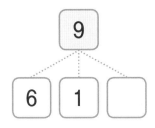

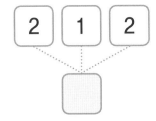

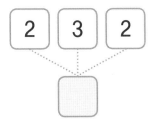

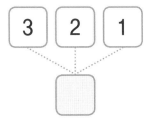

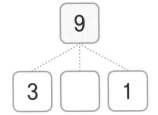

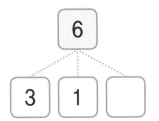

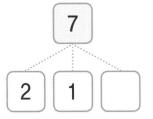

1 하나를 지워 세 수 모으기와 가르기를 하세요.

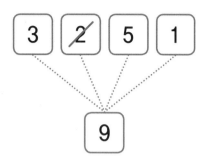

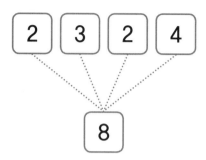

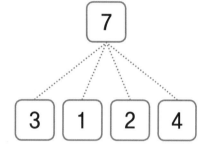

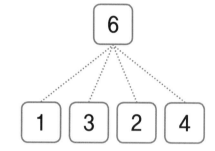

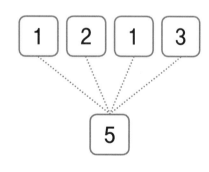

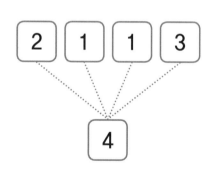

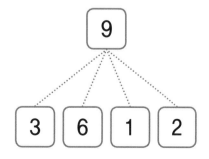

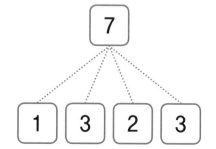

2 모아서 주어진 수가 되는 세 수를 묶으세요.

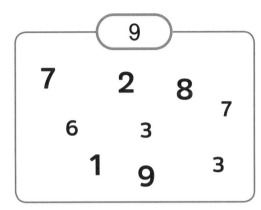

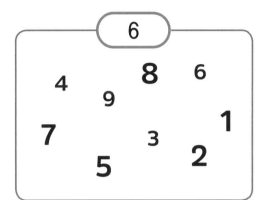

3 모빌이 평형을 이루도록 ◯ 안에 알맞은 수를 구하세요.

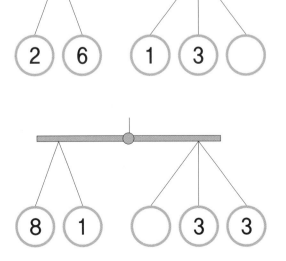

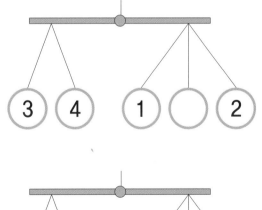

1 모으기에 맞게 선을 그으세요.

| 4 | 2 | 3 | | 2 | 3 | 4 | | 5 | 3 | 6 |

| 5 | | 6 | | 8 |

2 그림에 맞게 모으기를 해 보세요.

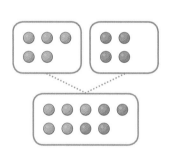

주황색 구슬은 몇 개일까요? ☐개

파란색 구슬은 몇 개일까요? ☐개

주황색 구슬과 파란색 구슬을 모았습니다.
모은 구슬은 모두 몇 개일까요? ☐개

3 가르기 하여 빈칸에 알맞은 수를 쓰세요.

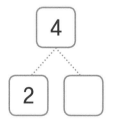

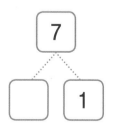

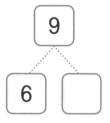

4   4를 3가지 방법으로 갈라 보세요. (단, 가를 때에는 0을 쓰지 않습니다.)

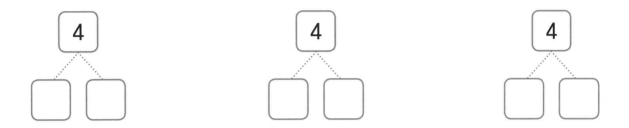

5   실에 구슬을 6개 꿰어 놓았습니다. 상자 안에 있는 구슬은 몇 개인지 빈칸에 쓰세요.

6   가르고 모아 빈칸에 알맞은 수를 쓰세요.

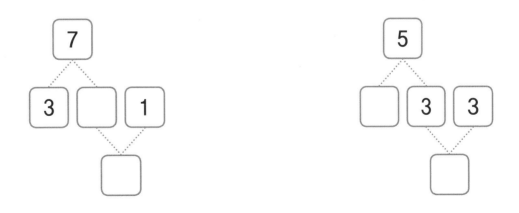

7 하나를 지워 세 수 모으기와 가르기를 하세요.

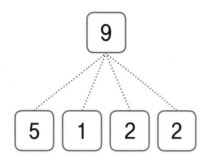

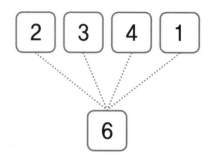

8 세 수 모으기와 가르기를 하여 빈칸에 알맞은 수를 쓰세요.

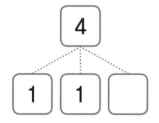

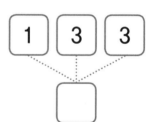

9 3과 6을 모은 수를 2와 □로 가르기 하였습니다. □는 얼마일까요?

2주차

덧셈하기

받아올림이 없는 한 자리 수끼리의 덧셈

(큰 수)+(작은 수)

그림을 보고 알맞은 덧셈식을 써 봅시다.

$$5 + 3 = 8$$

구슬 5개에 구슬 3개를 넣었더니
모두 8개가 되었습니다.

$$4 + 2 = 6$$

구슬 4개와 구슬 2개가 있습니다.
구슬은 모두 6개입니다.

$$\boxed{} + \boxed{} = \boxed{}$$

$$\boxed{} + \boxed{} = \boxed{}$$

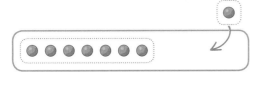

$$\boxed{} + \boxed{} = \boxed{}$$

$$\boxed{} + \boxed{} = \boxed{}$$

$$\boxed{} + \boxed{} = \boxed{}$$

$$\boxed{} + \boxed{} = \boxed{}$$

$5 + 4 = \boxed{}$ $\qquad$ $6 + 1 = \boxed{}$ $\qquad$ $3 + 2 = \boxed{}$

$6 + 3 = \boxed{}$ $\qquad$ $4 + 2 = \boxed{}$ $\qquad$ $7 + 1 = \boxed{}$

$4 + 1 = \boxed{}$ $\qquad$ $7 + 2 = \boxed{}$ $\qquad$ $4 + 3 = \boxed{}$

$6 + 2 = \boxed{}$ $\qquad$ $5 + 1 = \boxed{}$ $\qquad$ $2 + 1 = \boxed{}$

$$\begin{array}{r} 5 \\ +\ 2 \\ \hline \end{array} \qquad \begin{array}{r} 3 \\ +\ 1 \\ \hline \end{array} \qquad \begin{array}{r} 4 \\ +\ 3 \\ \hline \end{array} \qquad \begin{array}{r} 3 \\ +\ 2 \\ \hline \end{array}$$

$$\begin{array}{r} 6 \\ +\ 3 \\ \hline \end{array} \qquad \begin{array}{r} 5 \\ +\ 1 \\ \hline \end{array} \qquad \begin{array}{r} 5 \\ +\ 3 \\ \hline \end{array} \qquad \begin{array}{r} 4 \\ +\ 4 \\ \hline \end{array}$$

1 계산을 한 다음 알맞게 선으로 이으세요.

| 4 + 2 | 2 + 1 | 5 + 3 |
| 3 | 6 | 8 |

| 4 + 3 | 7 + 2 | 3 + 2 |
| 5 | 9 | 7 |

| 3 + 1 | 5 + 4 | 4 + 1 |
| 5 | 4 | 9 |

| 6 + 3 | 5 + 2 | 7 + 1 |
| 7 | 8 | 9 |

2 짝지은 두 수의 합을 구하여 빈칸에 쓰세요.

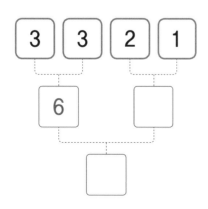

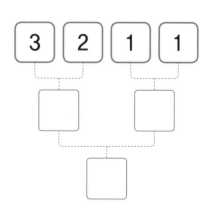

3 같은 모양에 있는 수끼리 덧셈을 하세요.

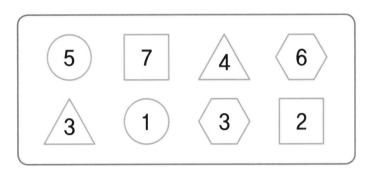

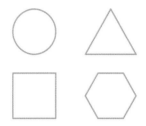

4 공은 모두 몇 개일까요?

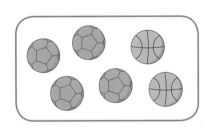

식 ☐ + ☐ = ☐   답 ☐ 개

5 오리 6마리가 연못에 있습니다. 오리 1마리가 연못에 더 오면 오리는 모두 몇 마리가 될까요?

식 ☐ + ☐ = ☐   답 ☐ 마리

(작은 수)+(큰 수)

두 수를 바꾸어 더해도 그 값은 같습니다. ☐ 안에 알맞은 수를 써 봅시다.

$3 + 4 = \boxed{7}$

$4 + 3 = \boxed{7}$

두 수를 바꾸어 더해도 그 값은 같습니다.

$2 + 7 = \boxed{}$

$7 + 2 = \boxed{}$

$1 + 3 = \boxed{}$

$3 + 1 = \boxed{}$

$3 + 5 = \boxed{}$

$5 + 3 = \boxed{}$

$2 + 6 = \boxed{}$

$6 + 2 = \boxed{}$

$4 + 5 = \boxed{}$

$5 + 4 = \boxed{}$

$2 + 3 = \boxed{}$

$3 + 2 = \boxed{}$

$2 + 5 = \boxed{}$

$5 + 2 = \boxed{}$

$1 + 5 = \boxed{}$

$5 + 1 = \boxed{}$

$3 + 6 = \boxed{}$

$6 + 3 = \boxed{}$

2 + 7 = ☐7☐ + ☐2☐

    = ☐9☐

바꾸어 더해 보세요.

3 + 6 = ☐ + ☐

    = ☐

1 + 2 = ☐ + ☐

    = ☐

1 + 5 = ☐ + ☐

    = ☐

2 + 4 = ☐ + ☐

    = ☐

3 + 5 = ☐ + ☐

    = ☐

4 + 5 = ☐ + ☐

    = ☐

2 + 3 = ☐ + ☐

    = ☐

3 + 4 = ☐ + ☐

    = ☐

1 계산을 한 다음 알맞게 선으로 이으세요.

3 + 4	5	1 + 4
2 + 3	8	4 + 4
1 + 7	7	2 + 5

2 + 6	9	1 + 5
4 + 5	8	3 + 5
2 + 4	6	6 + 3

2 + 6	6	2 + 7
8 + 1	8	5 + 3
3 + 3	9	4 + 2

4 + 1	4	4 + 3
1 + 6	7	2 + 2
3 + 1	5	3 + 2

2 안쪽 수와 바깥쪽 수의 합을 ☐ 안에 쓰세요.

9

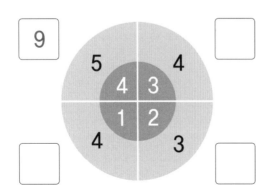

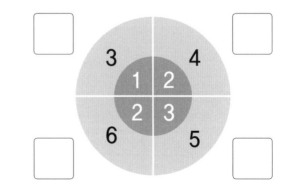

3 주어진 수를 한 번씩 사용하여 덧셈식 2개를 만드세요.

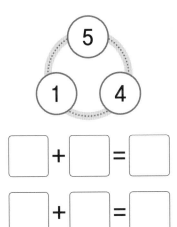

$\boxed{} + \boxed{} = \boxed{}$

$\boxed{} + \boxed{} = \boxed{}$

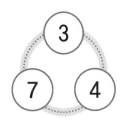

$\boxed{} + \boxed{} = \boxed{}$

$\boxed{} + \boxed{} = \boxed{}$

4 과일은 모두 몇 개일까요?

식 $\boxed{} + \boxed{} = \boxed{}$ 답 $\boxed{}$ 개

5 비둘기 2마리가 있습니다. 5마리가 더 날아왔습니다. 모두 몇 마리일까요?

식 $\boxed{} + \boxed{} = \boxed{}$ 답 $\boxed{}$ 마리

덧셈식 만들기

올바른 덧셈식을 따라 미로를 통과하려 합니다. 덧셈식에 맞게 =를 넣어 보세요.

출발

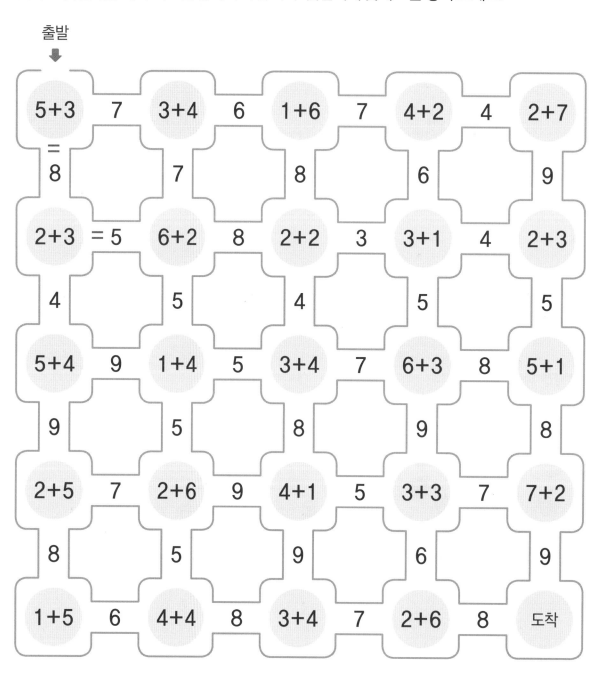

<table>
<tr><td>4</td><td>1 + 7 = 8</td></tr>
</table>

6+1=7	5	4	3+2=5
	2	1	
	3	9	

세 수를 묶은 다음 **+** 와 **=** 를 넣어 덧셈식을 **3**개 만드세요.

5	3	8	9
4	1	2	4
2	3	4	7
6	5	3	6

7	2	4	5
3	4	2	1
6	5	7	6
9	3	3	6

3	5	4	6
2	4	2	7
5	3	6	1
2	3	7	8

5	2	1	6
2	1	3	2
6	4	7	8
2	3	1	4

1 식에 맞게 선을 그리고 덧셈식을 쓰세요.

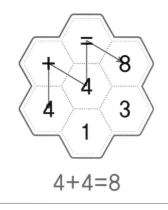

4+4=8
_____

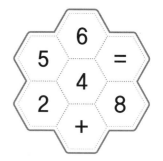

_____

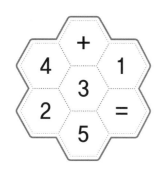

_____

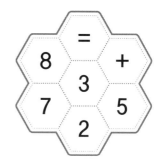

_____

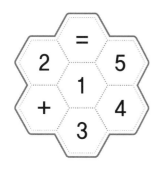

_____

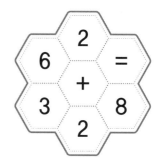

_____

2 주어진 숫자와 기호를 한 번씩 사용하여 덧셈식 **2개**를 만드세요.

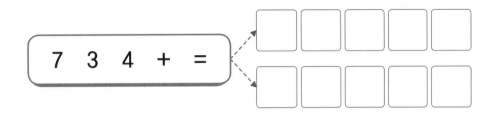

3 그림에 맞는 덧셈식을 쓰고 답을 구하세요.

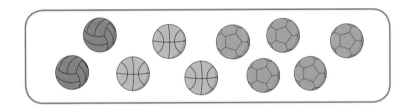

 과 🏀은 모두 몇 개일까요?

식 ☐ + ☐ = ☐   답 ☐ 개

🏀과 🏐은 모두 몇 개일까요?

식 ☐ + ☐ = ☐   답 ☐ 개

⚽과 🏐은 모두 몇 개일까요?

식 ☐ + ☐ = ☐   답 ☐ 개

합이 되는 여러 가지 두 수

개념
원리

여러 가지 방법으로 갈랐습니다. 덧셈식을 완성해 봅시다.

1 + 5 = 6

2 + 4 = 6

3 + 3 = 6

4 + 2 = 6

5 + 1 = 6

6을 여러 가지 방법으로 갈라 합이 6이 되는 덧셈식을 만들 수 있습니다.

☐ + ☐ = 7

☐ + ☐ = 7

☐ + ☐ = 7

☐ + ☐ = 7

☐ + ☐ = 7

☐ + ☐ = 7

두 수의 합이 3

$\boxed{1}$ + $\boxed{2}$ = 3 $\boxed{}$ + $\boxed{}$ = 3

두 수의 합이 4

$\boxed{}$ + $\boxed{}$ = 4 $\boxed{}$ + $\boxed{}$ = 4

$\boxed{}$ + $\boxed{}$ = 4

두 수의 합이 8

$\boxed{}$ + $\boxed{}$ = 8 $\boxed{}$ + $\boxed{}$ = 8

$\boxed{}$ + $\boxed{}$ = 8 $\boxed{}$ + $\boxed{}$ = 8

$\boxed{}$ + $\boxed{}$ = 8 $\boxed{}$ + $\boxed{}$ = 8

$\boxed{}$ + $\boxed{}$ = 8

두 수의 합이 9

$\boxed{}$ + $\boxed{}$ = 9 $\boxed{}$ + $\boxed{}$ = 9

$\boxed{}$ + $\boxed{}$ = 9 $\boxed{}$ + $\boxed{}$ = 9

$\boxed{}$ + $\boxed{}$ = 9 $\boxed{}$ + $\boxed{}$ = 9

$\boxed{}$ + $\boxed{}$ = 9 $\boxed{}$ + $\boxed{}$ = 9

1 합이 ☆ 안의 수가 되는 두 수를 모두 찾아 선으로 이으세요.

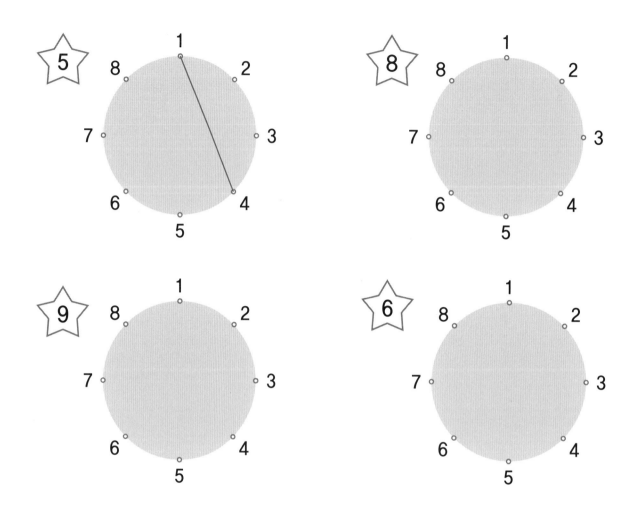

2 가로, 세로 방향으로 합이 🌸 안의 수가 되는 두 수를 묶으세요.

2	1	5
2	4	3
3	1	1

4	2	6
5	1	5
3	4	4

3   합이 ◯ 안의 수가 되는 숫자 카드를 2장을 찾아 모두 ◯표 하세요.

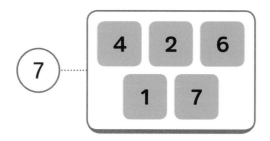

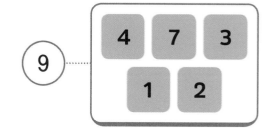

4   합이 **9**가 되는 두 수를 곧은 선으로 이으세요.

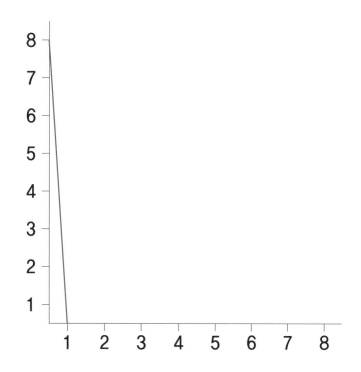

1 계산을 한 다음 알맞게 선으로 이으세요.

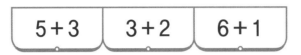

| 5 + 3 | 3 + 2 | 6 + 1 |

| 5 | 7 | 8 |

2 공은 모두 몇 개일까요?

식 ☐ + ☐ = ☐ 답 ☐ 개

3 계산을 한 다음 알맞게 선으로 이으세요.

3 + 6	5	6 + 1
1 + 6	7	3 + 2
2 + 3	9	6 + 3

4 가로 또는 세로 방향으로 세 수를 묶은 다음, **+**와 **=**를
  넣어 덧셈식 **3**개를 만드세요.

3	2	5	4
4	6	3	1
2	7	6	8
6	3	1	4

5 식에 맞게 선을 그리고 덧셈식을 쓰세요.

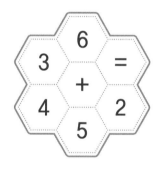

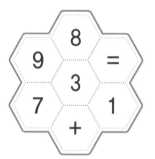

_____   _____

6 주어진 숫자와 기호를 한 번씩 사용하여 덧셈식 **2**개를 만드세요.

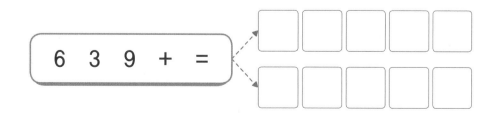

7 두 수의 합이 **5**가 되는 덧셈식을 모두 쓰세요.

$$\boxed{} + \boxed{} = 5 \qquad \boxed{} + \boxed{} = 5$$

$$\boxed{} + \boxed{} = 5 \qquad \boxed{} + \boxed{} = 5$$

8 합이 **7**이 되는 두 수를 모두 찾아 선으로 이으세요.

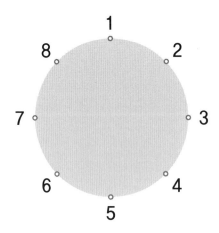

9 가로, 세로 방향으로 합이 안의 수가 되는 두 수를 묶으세요.

1	6	4
5	5	2
4	3	3

2	1	5
3	7	6
5	4	4

가 있는 덧셈

받아올림이 없고 □가 있는 한 자리 수의 덧셈

목표수 만들기

개념
원리

주머니 안의 수 2개를 뽑아 여러 가지 덧셈식을 만들어 봅시다.

$\boxed{2}$ + $\boxed{6}$ = 8

$\boxed{2}$ + $\boxed{3}$ = 5

$\boxed{3}$ + $\boxed{6}$ = 9

6, 3, 2 중 합이 8이 되는
두 수는 6과 2입니다.

$\boxed{}$ + $\boxed{}$ = 5

$\boxed{}$ + $\boxed{}$ = 6

$\boxed{}$ + $\boxed{}$ = 9

$\boxed{}$ + $\boxed{}$ = 5

$\boxed{}$ + $\boxed{}$ = 7

$\boxed{}$ + $\boxed{}$ = 6

$\boxed{}$ + $\boxed{}$ = 8

$\boxed{}$ + $\boxed{}$ = 9

$\boxed{}$ + $\boxed{}$ = 3

$\boxed{}$ + $\boxed{}$ = 7

$\boxed{}$ + $\boxed{}$ = 5

$\boxed{}$ + $\boxed{}$ = 8

| 5 | 1 | 3 | 2 |

$1 + 5 = 6$

$\boxed{} + \boxed{} = 4$

$3 + 5 = 8$

$\boxed{} + \boxed{} = 7$

| 3 | 4 | 2 | 5 |

$\boxed{} + \boxed{} = 5$

$\boxed{} + \boxed{} = 8$

$\boxed{} + \boxed{} = 9$

$\boxed{} + \boxed{} = 7$

| 2 | 6 | 3 | 1 |

$\boxed{} + \boxed{} = 8$

$\boxed{} + \boxed{} = 7$

$\boxed{} + \boxed{} = 3$

$\boxed{} + \boxed{} = 4$

$\boxed{} + \boxed{} = 9$

$\boxed{} + \boxed{} = 5$

| 1 | 5 | 4 | 3 |

$\boxed{} + \boxed{} = 4$

$\boxed{} + \boxed{} = 5$

$\boxed{} + \boxed{} = 8$

$\boxed{} + \boxed{} = 7$

$\boxed{} + \boxed{} = 9$

$\boxed{} + \boxed{} = 6$

1 상자 안의 두 수를 뽑아 더할 때 합이 되는 수에 모두 ◯표 하세요.

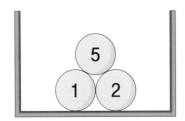

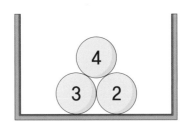

8   5   6   7

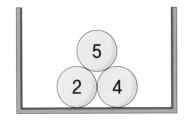

8   7   6   9

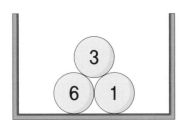

9   7   6   4

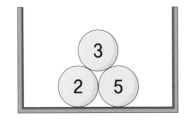

5   6   7   8

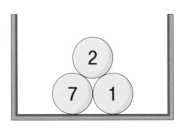

9   3   8   4

2 주머니에서 수를 하나씩 골라 덧셈식을 만들어 보세요.

3 그림을 보고 물음에 답하세요.

형수가 좋아하는 과일은 2종류이고 7개입니다. 형수가 좋아하는 과일에 ◯표 하세요.

()

준수가 좋아하는 과일은 2종류이고 8개입니다. 준수가 좋아하는 과일에 ◯표 하세요.

()

□가 있는 덧셈

개념
원리

◯를 알맞게 그리고, □ 안에 알맞은 수를 써 봅시다.

$4 + \boxed{5} = 9$

구슬 5개를 더 그리면 9개가 됩니다.

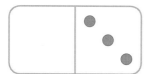

$\boxed{} + 3 = 6$

$5 + \boxed{} = 8$

$\boxed{} + 1 = 5$

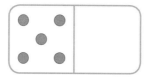

$2 + \boxed{} = 6$

$\boxed{} + 3 = 7$

$2 + \boxed{} = 7$

$\boxed{} + 2 = 8$

$5 + \boxed{} = 9$

$\boxed{} + 3 = 4$

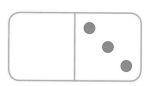

$7 + \boxed{} = 9$

$\boxed{} + 3 = 6$

$3 + \boxed{} = 4$

$2 + \boxed{} = 5$

$\boxed{} + 2 = 3$

$5 + \boxed{} = 9$

$5 + \boxed{} = 6$

$\boxed{} + 1 = 8$

$3 + \boxed{} = 9$

$6 + \boxed{} = 9$

$\boxed{} + 4 = 9$

$5 + \boxed{} = 6$

$$\begin{array}{r} 3 \\ + \boxed{} \\ \hline 9 \end{array}$$

$$\begin{array}{r} 3 \\ + \boxed{} \\ \hline 5 \end{array}$$

$$\begin{array}{r} 5 \\ + \boxed{} \\ \hline 7 \end{array}$$

$$\begin{array}{r} 3 \\ + \boxed{} \\ \hline 7 \end{array}$$

$$\begin{array}{r} \boxed{} \\ + \quad 1 \\ \hline 2 \end{array}$$

$$\begin{array}{r} \boxed{} \\ + \quad 8 \\ \hline 9 \end{array}$$

$$\begin{array}{r} \boxed{} \\ + \quad 5 \\ \hline 7 \end{array}$$

$$\begin{array}{r} \boxed{} \\ + \quad 2 \\ \hline 6 \end{array}$$

1 □ 안에 들어갈 수에 맞게 선으로 이으세요.

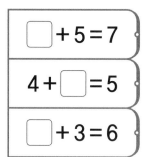

□ + 5 = 7

4 + □ = 5

□ + 3 = 6

3

1

2

2 + □ = 4

6 + □ = 9

□ + 7 = 8

2 아래 두 수의 합은 위의 수가 됩니다. 빈칸에 알맞은 수를 쓰세요.

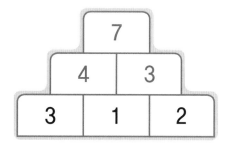

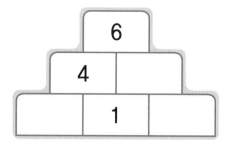

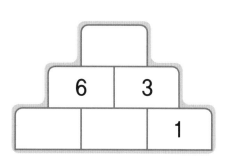

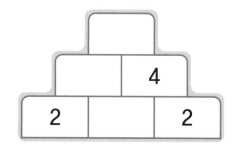

3 그림을 보고 물음에 답하세요.

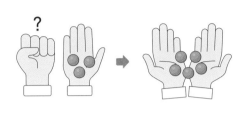

왼손에 있던 구슬은 몇 개일까요?

　 개

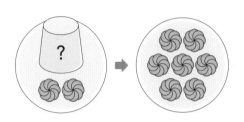

컵 안에 들어 있는 쿠키는 몇 개일까요?

　 개

4 구슬이 8개 있습니다. 상자 안에 있는 구슬은 몇 개일까요?

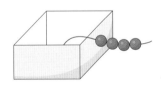

　 개

5 귤이 6개 있습니다. 바구니에 들어 있는 귤은 몇 개일까요?

　 개

☐ 찾고 덧셈하기

개념
원리

○ 안에 알맞은 수를 찾고 덧셈을 하여 빈칸을 채워 봅시다.

+ (2)

3	5
5	7
7	9

← 5+2
← 7+2

3+○=5이므로
더하는 수는 2입니다.

+ ( )

4	9
1	
	7

+ ( )

2	
5	9
	8

+ ( )

	6
2	
6	9

+ ( )

	8
1	
3	7

+ ( )

2	4
	8
5	

+ ( )

2	
4	5
7	

+	2
3	5
7	9
2	4

+	
6	9
	5
4	

+	
7	
	7
8	9

+	
	6
5	9
4	

+	
4	
	3
5	7

+	
3	6
	4
5	

+	1	3	7
2	3	5	9

+		3	1
	9	8	

+	5	2	
		5	4

+		5	3
	9		4

1 ○ 안에 알맞은 수를 쓰고 관계있는 것끼리 선으로 이으세요.

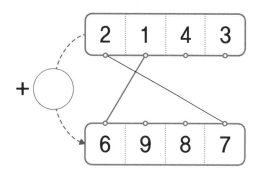

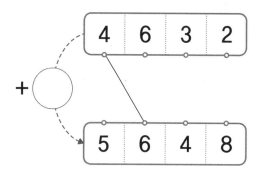

2 가로, 세로로 두 수의 합에 맞게 상자 안의 수를 빈칸에 쓰세요.

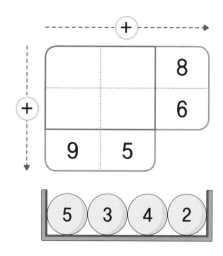

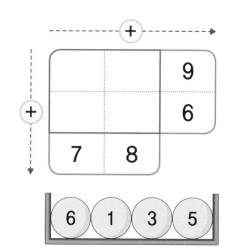

3 ○ 안의 수와 바깥쪽 수의 합을 쓴 것입니다. 빈 곳에 알맞은 수를 쓰세요.

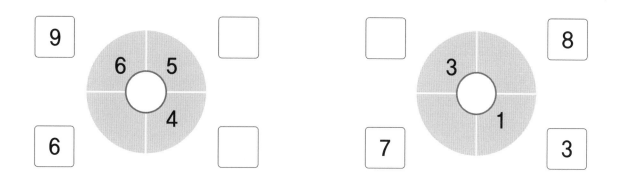

4 수가 요술 상자에 들어가면 다른 수로 바뀌어 나옵니다. 물음에 답하세요.

3은 어떤 수로 바뀔까요?

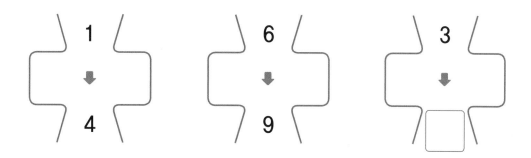

2는 어떤 수로 바뀔까요?

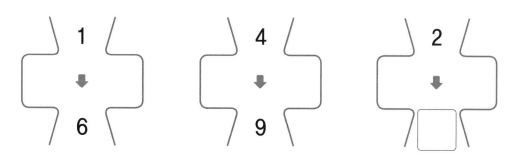

어떤 수 구하기

안에 들어갈 구슬의 수를 ☐라 하여 식을 세우고 ☐의 값을 구해 봅시다.

식 　$3+\square=8$

$\square = 5$

안에 들어갈 구슬의 수를 ☐라 하여 덧셈식을 세웁니다.

식

$\square =$

식

$\square =$

식

$\square =$

식

$\square =$

식

$\square =$

식

$\square =$

어떤 수에 3을 더하였더니 7이 되었습니다.
___ _____ _____
□   +3   =7

➡   _____
          □+3=7

2와 어떤 수의 합은 9입니다.
__ _____ _____
2   +□   =9

➡   _____

어떤 수에 6을 더하였더니 8이 되었습니다.
___ _____ _____
□   +6   =8

➡   _____

4와 어떤 수의 합은 6입니다.
__ _____ _____
4   +□   =6

➡   _____

어떤 수에 2를 더하였더니 5가 되었습니다.
___ _____ _____

➡   _____

1과 어떤 수의 합은 6입니다.
__ _____ _____

➡   _____

어떤 수에 4를 더하였더니 8이 되었습니다.
___ _____ _____

➡   _____

3과 어떤 수의 합은 4입니다.
__ _____ _____

➡   _____

1 관계있는 것끼리 이으세요.

2에 어떤 수를 더하면 **8**입니다.

어떤 수 더하기 **4**는 **7**입니다.

어떤 수와 **5**의 합은 **9**입니다.

$\square + 5 = 9$

$\square + 4 = 7$

$2 + \boxed{6} = 8$

$\square = 3$

$\square = 4$

$\square = 6$

어떤 수와 **1**의 합은 **8**입니다.

4에 어떤 수를 더하면 **9**입니다.

어떤 수 더하기 **5**는 **7**입니다.

$4 + \square = 9$

$\square + 1 = 8$

$\square + 5 = 7$

$\square = 2$

$\square = 5$

$\square = 7$

어떤 수 더하기 **2**는 **4**입니다.

어떤 수와 **3**의 합은 **8**입니다.

6에 어떤 수를 더하면 **9**입니다.

$\square + 3 = 8$

$6 + \square = 9$

$\square + 2 = 4$

$\square = 2$

$\square = 3$

$\square = 5$

2 관계있는 것끼리 이으세요.

연필이 3자루 있습니다. 몇 자루를 더 사오면 모두 7자루가 됩니다.

탁구공이 몇 개 있습니다. 탁구공 2개를 가져오면 모두 9개가 됩니다.

모자가 2개 있습니다. 몇 개 더 가져오면 모두 8개가 됩니다.

2+□=8

3+□=7

□+2=9

□=6

□=7

□=4

3 물음에 맞게 □를 사용한 식을 세우고 답을 구하세요.

어떤 수와 2의 합은 8입니다. 어떤 수는 얼마일까요?

식 _____   답 _____

흰 바둑돌 4개와 검은 바둑돌 몇 개를 모으면 6개가 됩니다. 검은 바둑돌은 몇 개일까요?

식 _____   답 _____ 개

1 상자 안의 두 수를 뽑아 더할 때 합이 되는 수에 모두 ◯표 하세요.

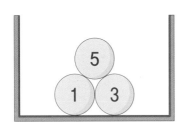

6   7   4   8

2 주머니에서 수를 하나씩 골라 덧셈식을 만들어 보세요.

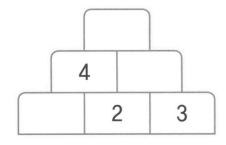

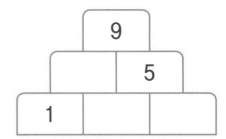

3 아래 두 수의 합은 위의 수가 됩니다. 빈칸에 알맞은 수를 쓰세요.

	4	
	2	3

	9	
		5
1		

4 ◯ 안에 알맞은 수를 찾고 빈칸에 채우세요.

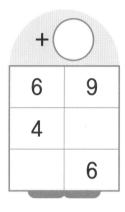

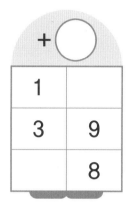

5 가로, 세로로 두 수의 합에 맞게 상자 안의 수를 빈칸에 쓰세요.

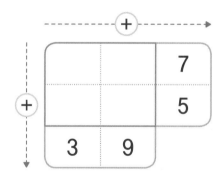

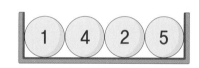

6 □를 사용한 식으로 나타내세요.

어떤 수에 **6**을 더하였더니 **9**가 되었습니다.　　➡ _____

4와 어떤 수의 합은 **7**입니다.　　➡ _____

7 수가 요술 상자에 들어가면 다른 수로 바뀌어 나옵니다. 5는 어떤 수로 바뀔까요?

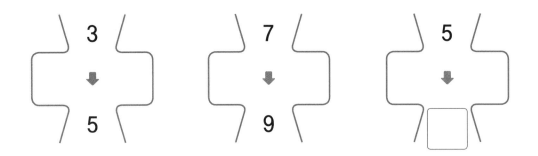

8 관계있는 것끼리 이으세요.

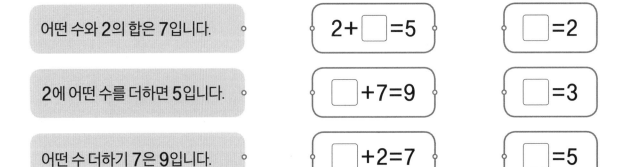

어떤 수와 2의 합은 7입니다.

2에 어떤 수를 더하면 5입니다.

어떤 수 더하기 7은 9입니다.

$2+\square=5$

$\square+7=9$

$\square+2=7$

$\square=2$

$\square=3$

$\square=5$

9 밤을 4개 주웠습니다. 몇 개를 더 주웠더니 8개가 되었습니다. 몇 개를 더 주웠을까요?
□를 사용한 식을 세우고 답을 구하세요.

식 _____ 답 _____ 개

세 수의 합

합이 9까지인 세 수의 덧셈

세 수의 덧셈

개념
원리

그림을 보고 계산을 해 봅시다.

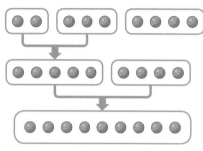

$2 + 3 + 4 =$ 9

5 $+ 4$

9

앞의 두 수 2와 3을 더한 값 5에
마지막 수 4를 더합니다.

$4 + 2 + 2 =$

$\boxed{} + 2$

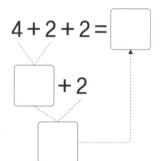

$3 + 1 + 1 =$

$3 + \boxed{}$

$5 + 1 + 2 =$

$\boxed{} + 2$

$3 + 1 + 2 =$

$3 + \boxed{}$

$4 + 2 + 3 =$

$\boxed{} + 3$

$2 + 1 + 4 =$

$2 + \boxed{}$

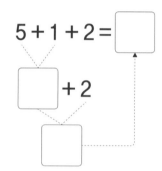

$3 + 1 + 3 = \boxed{}$ $1 + 5 + 1 = \boxed{}$ $2 + 1 + 2 = \boxed{}$

$7 + 1 + 1 = \boxed{}$ $2 + 3 + 2 = \boxed{}$ $1 + 2 + 3 = \boxed{}$

$4 + 2 + 2 = \boxed{}$ $1 + 2 + 1 = \boxed{}$ $1 + 4 + 3 = \boxed{}$

$2 + 5 + 1 = \boxed{}$ $3 + 2 + 4 = \boxed{}$ $3 + 3 + 3 = \boxed{}$

$2 + 2 + 2 = \boxed{}$ $1 + 6 + 1 = \boxed{}$ $4 + 1 + 2 = \boxed{}$

$3 + 2 + 4 = \boxed{}$ $2 + 5 + 1 = \boxed{}$ $5 + 2 + 2 = \boxed{}$

1 연결된 세 수의 합이 ☆ 안의 수가 되도록 세모 모양을 그리세요.

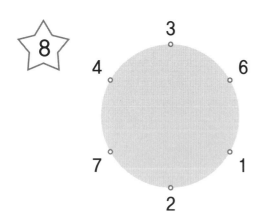

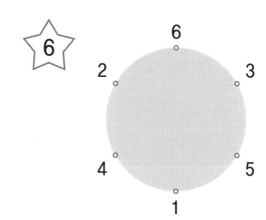

2 계산 결과에 맞게 길을 그리세요.

2 ─ +1 ⌒ +2 = 5
      +3   +4

4 ─ +4 +3 = 9
      +2 +5

3 ─ +1 +3 = 8
      +2 +1

1 ─ +4 +2 = 5
      +1 +3

2 ─ +3 +1 = 6
      +2 +4

3 ─ +2 +3 = 7
      +1 +5

3 사다리를 타고 내려가는 길의 계산에 맞게 빈칸에 알맞은 수를 쓰세요.

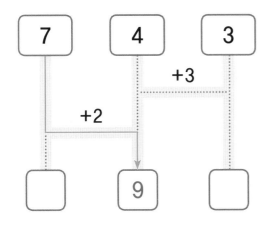

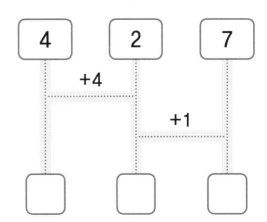

4

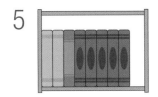

공원에 참새 2마리, 까치 3마리, 비둘기 4마리가 있습니다. 공원에 있는 새는 모두 몇 마리일까요?

식 ☐ + ☐ + ☐ = ☐   답 ☐ 마리

5

위인전이 2권, 동화책이 1권, 만화책이 5권 있습니다. 책은 모두 몇 권일까요?

식 ☐ + ☐ + ☐ = ☐   답 ☐ 권

합이 되는 세 수

개념
원리

여러 가지 방법으로 합에 맞는 세 수를 써 봅시다.

1+2+2, 2+1+2, 2+2+1과 같이 더하는 순서만 바뀐 것은 같은 것으로 봅니다.

1 + 1 + 4 =6 1 + 2 + 3 =6

2 + 2 + 2 =6

세 수의 합이 6이 되는 경우는 3가지가 있습니다.

1 + 1 + ☐ =3 1 + 1 + ☐ =4

1 + 1 + ☐ =5 1 + ☐ + ☐ =8

1 + 2 + ☐ =5 1 + ☐ + ☐ =8

1 + ☐ + ☐ =8

2 + ☐ + ☐ =8

1 + ☐ + ☐ =7 2 + ☐ + ☐ =8

1 + ☐ + ☐ =7

1 + ☐ + ☐ =7

2 + ☐ + ☐ =7

| 2 | 3 | 1 | 4 |

숫자 카드 중에서 **3**장을 사용하여
덧셈식을 완성하세요.
☐ 안에는 작은 수부터 씁니다.

$1 + 2 + 3 = 6$

$\square + \square + \square = 9$

$\square + \square + \square = 8$

| 4 | 3 | 2 | 1 |

$\square + \square + \square = 8$

$\square + \square + \square = 7$

$\square + \square + \square = 6$

| 3 | 3 | 1 | 2 |

$\square + \square + \square = 6$

$\square + \square + \square = 7$

$\square + \square + \square = 8$

| 2 | 5 | 1 | 2 |

$\square + \square + \square = 8$

$\square + \square + \square = 5$

$\square + \square + \square = 9$

| 1 | 4 | 1 | 2 |

$\square + \square + \square = 6$

$\square + \square + \square = 7$

$\square + \square + \square = 4$

1 한 줄에 놓인 세 수의 합이 ✿ 안의 수가 되도록 ◯로 묶으세요.

1	3	1
3	5	3
2	1	5

2	2	4
1	5	2
1	3	3

2	4	3
1	2	5
4	3	2

3	1	2
4	1	6
2	5	4

2 미로를 통과하면서 만난 세 수의 합이 ☐ 안의 수가 되도록 선을 그으세요.

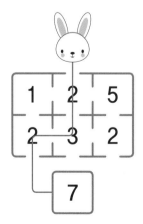

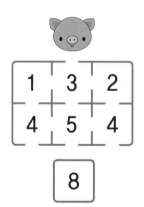

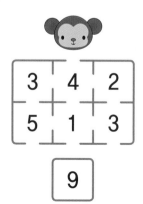

3 합이 **9**가 되는 세 수를 연결하여 서로 다른 세모 모양 **3**개를 그리세요.

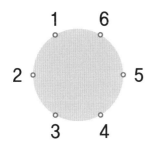 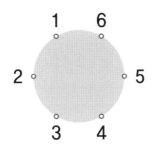 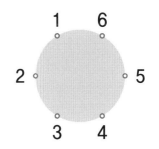

4 그림을 보고 식과 답을 완성하세요.

 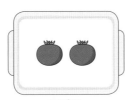  

사과   토마토   딸기   바나나

합이 **7**개인 세 과일은 무엇일까요?

식 ☐ + ☐ + ☐ = 7

답 ☐ , ☐ , ☐

합이 **9**개인 세 과일은 무엇일까요?

식 ☐ + ☐ + ☐ = 9

답 ☐ , ☐ , ☐

□가 있는 세 수의 덧셈

수직선을 보고 □ 안에 알맞은 수를 써 봅시다.

$$2 + \boxed{3} + 2 = 7$$

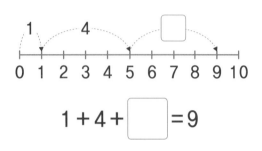

$$1 + 4 + \boxed{} = 9$$

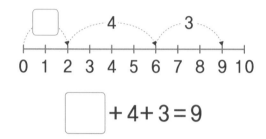

$$\boxed{} + 4 + 3 = 9$$

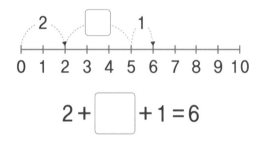

$$2 + \boxed{} + 1 = 6$$

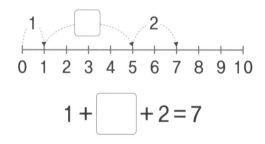

$$1 + \boxed{} + 2 = 7$$

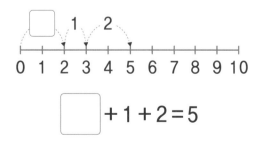

$$\boxed{} + 1 + 2 = 5$$

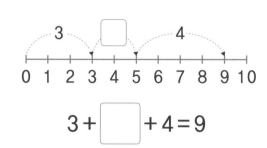

$$3 + \boxed{} + 4 = 9$$

$1 + 3 + \boxed{} = 9$

$\boxed{} + 1 + 3 = 8$

$1 + \boxed{} + 2 = 9$

$4 + \boxed{} + 2 = 7$

$\boxed{} + 2 + 3 = 8$

$2 + 1 + \boxed{} = 8$

$1 + \boxed{} + 3 = 6$

$3 + \boxed{} + 2 = 7$

$1 + 2 + \boxed{} = 5$

$\boxed{} + 1 + 1 = 9$

$2 + \boxed{} + 4 = 8$

$1 + \boxed{} + 4 = 6$

$\boxed{} + 2 + 3 = 9$

$5 + 1 + \boxed{} = 7$

$2 + \boxed{} + 4 = 7$

$3 + 3 + \boxed{} = 9$

1 세 수의 합이 같도록 두 부분으로 나누세요.

5	1	1
2	4	3

3	1	5
1	3	1

4	4	1
6	2	1

1	2	3
2	2	2

1	2	3
3	5	4

1	2	2
1	5	3

2 ◇ 안의 수는 가로, 세로로 놓인 세 수의 합입니다. 합에 맞게 빈칸에 수를 쓰세요.

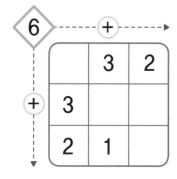

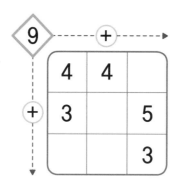

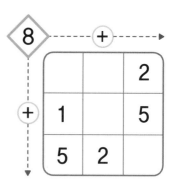

3 한 줄에 놓인 세 수의 합이 **9**가 되도록 빈칸을 채우세요.

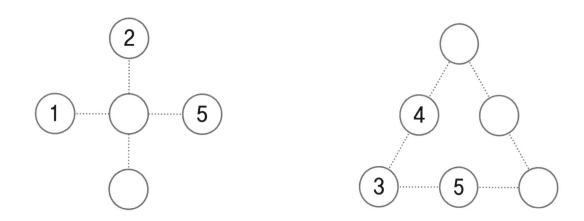

4 물음에 맞는 식에 ◯표 하고, 답을 구하세요.

농장에 오리 **2**마리, 염소 몇 마리, 닭 **3**마리가 있는데 모두 **7**마리입니다. 염소는 몇 마리 있을까요?

| $2 + 3 = 7$ | $2 + \boxed{} + 3 = 7$ | $2 + 3 + 1 = 6$ |

답 _____ 마리

버스에 **2**명이 타고 있었습니다. 첫 번째 정류장에서 **1**명, 두 번째 정류장에서 몇 명이 타서 모두 **8**명이 되었습니다. 두 번째 정류장에서 몇 명이 탔을까요?

| $2 + 1 = 8$ | $2 + 1 + \boxed{} = 5$ | $2 + 1 + \boxed{} = 8$ |

답 _____ 명

모양이 나타내는 수의 덧셈

개념
원리

같은 모양에는 같은 수, 다른 모양에는 다른 수가 들어갑니다. 빈칸을 채워 봅시다.

$$2 + \boxed{4} = 6$$

$$\boxed{4} + \left(3\right) = 7$$

2+□=6이므로 □ 안의 수는 4입니다.
4+○=7이므로 ○ 안의 수는 3입니다.

△ + △ = 4

⬠ + △ = 7

♡ + ♡ = 6

☆ + ♡ = 5

○ + 3 = 7

◇ + ○ = 6

5 + ⬠ = 9

⬠ + ⬡ = 5

2 + ♡ = 5

☆ + ♡ = 8

☆ + 3 = 5

○ + ☆ = 9

◇ + ◇ = 8

◇ + ⬠ = 9

△ + 4 = 7

△ + ◇ = 9

$1 + 1 = ②$

$② + 1 + 1 = [4]$

$[4] + 5 = ⑨$

$6 + ☆ = 9$

$1 + ☆ + 5 = ♡$

$△ + 2 = ♡$

$2 + 1 = ⬠$

$◻ + 1 + ⬠ = 9$

$⬡ + 1 = ◻$

$1 + ◯ = 8$

$4 + △ + 1 = ◯$

$6 + △ = ◇$

$◯ + ◯ = ♡$

$4 + 3 + 1 = ♡$

$1 + ◯ = ◻$

$6 + ◯ = 9$

$2 + ◯ + 2 = ◻$

$◻ + 2 = ☆$

1 같은 모양은 같은 수, 다른 모양은 다른 수를 나타냅니다. 사각형 밖의 수는 각 줄의 합입니다.
빈칸을 채우세요.

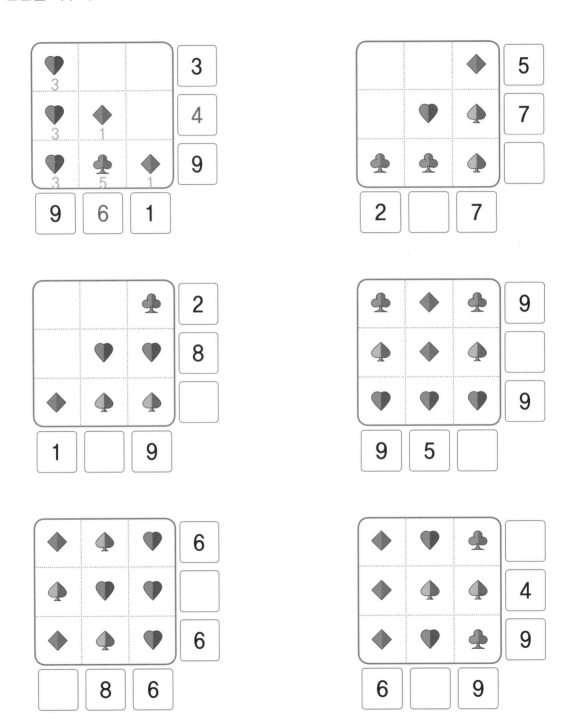

2 같은 모양은 같은 수, 다른 모양은 다른 수를 나타냅니다. ☐ 안에 알맞은 수를 쓰세요.

$$1 + 3 = \triangle$$
$$\triangle + \circ + \circ = 8$$

$\circ$ = ☐

3 어떤 세 수를 구하세요.

어떤 세 수의 합은 6이고, 세 수가 모두 같습니다.

☐ , ☐ , ☐

어떤 세 수의 합은 9이고 세 수가 모두 같습니다.

☐ , ☐ , ☐

어떤 세 수의 합은 7입니다. 두 수는 같고, 나머지 한 수는 가장 작은 수입니다.

☐ , ☐ , ☐

1 계산 결과에 맞게 길을 그리세요.

④ +3 +4 = ⑦
  +2 +1

③ +2 +2 = ⑧
  +3 +4

2 공원에 참새 4마리, 까치 2마리, 비둘기 2마리가 있습니다.
공원에 있는 새는 모두 몇 마리일까요?

식 ☐ + ☐ + ☐ = ☐   답 ☐ 마리

3 숫자 카드 중에서 3장을 뽑아 덧셈식을 만듭니다. ☐ 안에 알맞은 수를 쓰세요. (단, ☐ 안에
는 작은 수부터 씁니다.)

2 4 2 3

☐ + ☐ + ☐ = 7

☐ + ☐ + ☐ = 8

☐ + ☐ + ☐ = 9

4 한 줄에 놓인 세 수의 합이 안의 수가 되도록 ⬭로 묶으세요.

 6

3	2	5
1	2	4
4	2	1

 4

1	1	2
2	4	3
3	5	2

5 ◇ 안의 수는 가로, 세로로 놓인 세 수의 합입니다. 합에 맞게 빈칸에 수를 쓰세요.

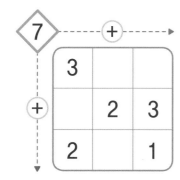

7

3		
	2	3
2		1

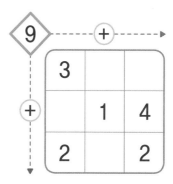

9

3		
	1	4
2		2

6 ☐를 사용한 식을 세우고 물음에 답하세요.

정현이는 연필 2자루를 가지고 있었습니다. 민우에게 몇 자루, 승호에게 3자루를 받아 7자루가 되었습니다. 민우에게 받은 연필은 몇 자루일까요?

식 _____   답 _____ 자루

7   같은 모양에는 같은 숫자, 다른 모양에는 다른 숫자가 들어갑니다. 빈칸을 채우세요.

$$3 + ☆ = 7$$

$$1 + △ + 5 = 8$$

$$△ + ☆ = ♡$$

8   같은 모양은 같은 수, 다른 모양은 다른 수를 나타냅니다. 사각형 밖의 수는 각 줄의 합입니다.
    빈칸을 채우세요.

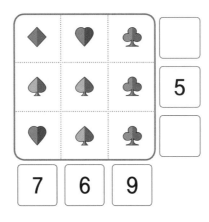

9   어떤 세 수의 합은 **9**입니다. 두 수는 같고 나머지 한 수는 다른 수보다 작습니다. 어떤 세 수는
    무엇일까요?

    ☐ , ☐ , ☐

정답

응용연산

S3
6~7세

받아올림이 없는 한 자리 수의 덧셈

Creative to Math

씨투엠

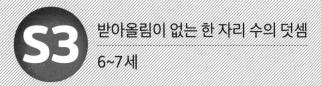

S3

받아올림이 없는 한 자리 수의 덧셈

6~7세

정답 및 길잡이

가르기와 모으기

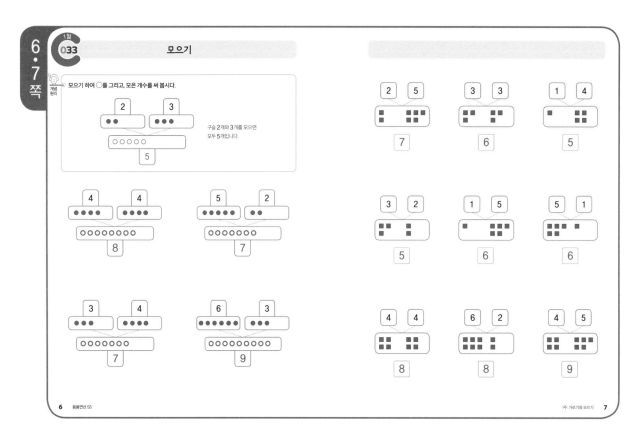

응용연산

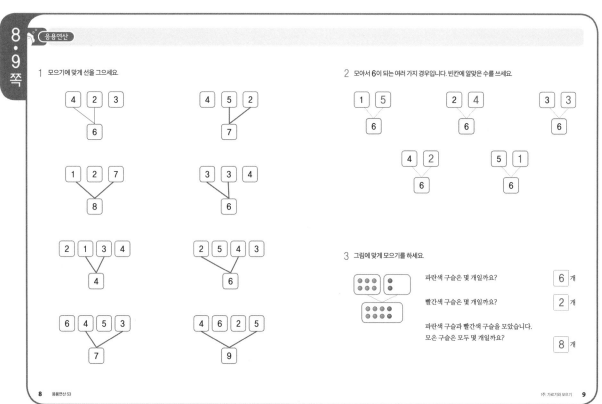

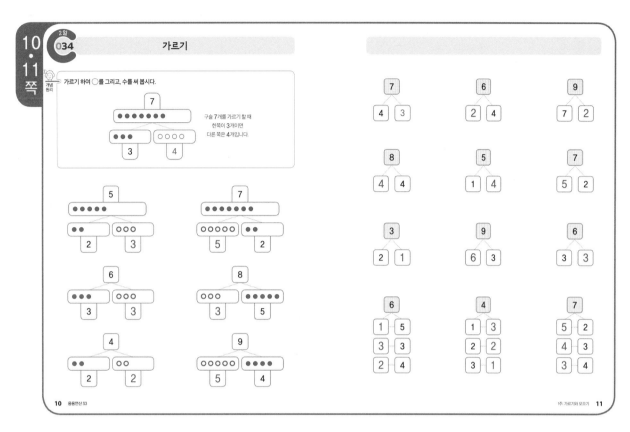

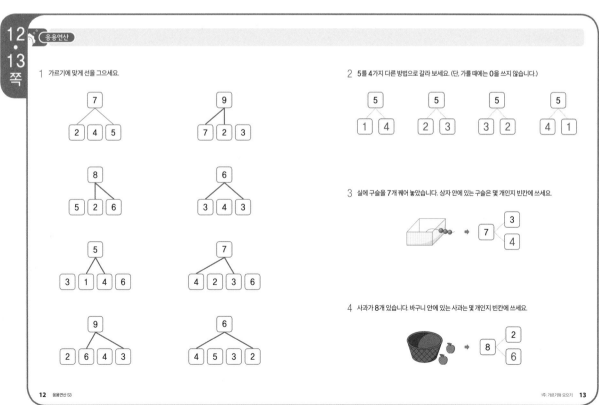

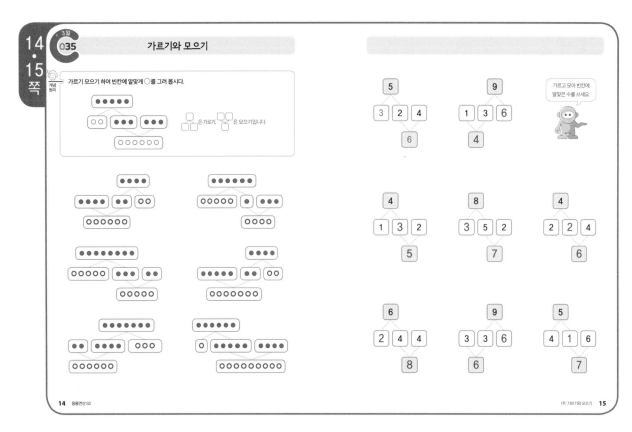

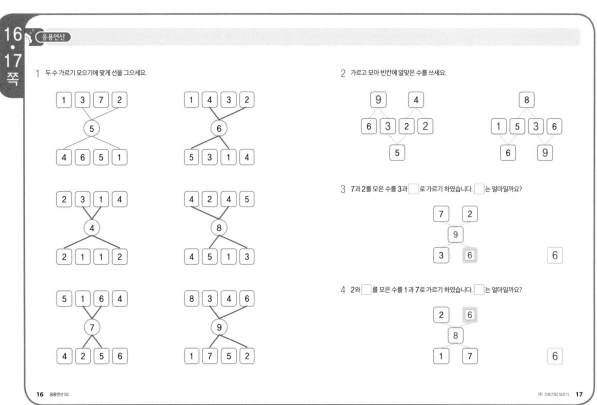

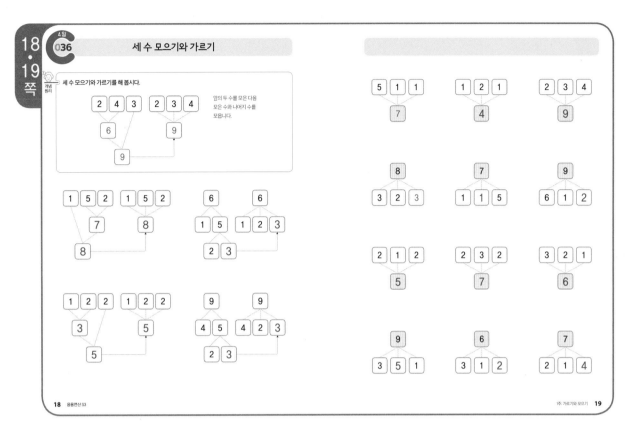

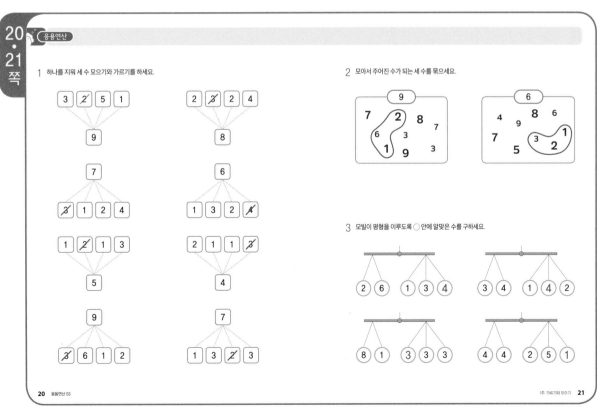

형성평가

1 모으기에 맞게 선을 그으세요.

| 4 | 2 | 3 |
↓
5 (2와 3)

| 2 | 3 | 4 |
↓
6 (2와 4)

| 5 | 3 | 6 |
↓
8 (5와 3)

2 그림에 맞게 모으기를 해 보세요.

주황색 구슬은 몇 개일까요? **5** 개

파란색 구슬은 몇 개일까요? **4** 개

주황색 구슬과 파란색 구슬을 모았습니다.
모은 구슬은 모두 몇 개일까요? **9** 개

3 가르기 하여 빈칸에 알맞은 수를 쓰세요.

| 4 |
| 2 | **2** |

| 7 |
| 6 | **1** |

| 9 |
| 6 | **3** |

4 4를 3가지 방법으로 갈라 보세요. (단, 가를 때에는 0을 쓰지 않습니다.)

| 4 |
| **1** | 3 |

| 4 |
| 2 | **2** |

| 4 |
| 3 | **1** |

5 실에 구슬을 6개 꿰어 놓았습니다. 상자 안에 있는 구슬은 몇 개인지 빈칸에 쓰세요.

6 →
| 2 |
| **4** |

6 가르고 모아 빈칸에 알맞은 수를 쓰세요.

| 7 |
| 3 | 4 | 1 |
| **5** |

| 5 |
| 2 | 3 | 3 |
| **6** |

7 하나를 지워 세 수 모으기와 가르기를 하세요.

| 9 |
| 5 | ~~1~~ | 2 | 2 |

| 2 | 3 | ~~1~~ | 1 |
| 6 |

8 세 수 모으기와 가르기를 하여 빈칸에 알맞은 수를 쓰세요.

| 4 |
| 1 | **1** | 2 |

| 1 | 3 | 3 |
| **7** |

9 3과 6을 모은 수를 2와 □로 가르기 하였습니다. □는 얼마일까요? **7**

덧셈하기

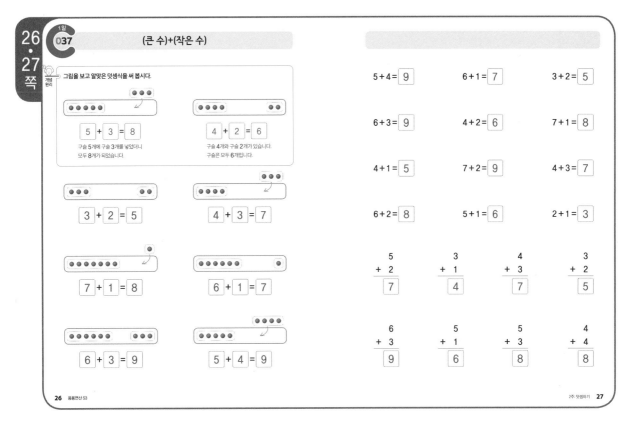

037 (큰 수)+(작은 수)

그림을 보고 알맞은 덧셈식을 써 봅시다.

$5 + 3 = 8$

구슬 5개에 구슬 3개를 넣었더니 모두 8개가 되었습니다.

$4 + 2 = 6$

구슬 4개와 구슬 2개가 있습니다. 구슬은 모두 6개입니다.

$3 + 2 = 5$

$4 + 3 = 7$

$7 + 1 = 8$

$6 + 1 = 7$

$6 + 3 = 9$

$5 + 4 = 9$

$5 + 4 = 9$ 　　 $6 + 1 = 7$ 　　 $3 + 2 = 5$

$6 + 3 = 9$ 　　 $4 + 2 = 6$ 　　 $7 + 1 = 8$

$4 + 1 = 5$ 　　 $7 + 2 = 9$ 　　 $4 + 3 = 7$

$6 + 2 = 8$ 　　 $5 + 1 = 6$ 　　 $2 + 1 = 3$

$$\begin{array}{r} 5 \\ +\ 2 \\ \hline 7 \end{array} \quad \begin{array}{r} 3 \\ +\ 1 \\ \hline 4 \end{array} \quad \begin{array}{r} 4 \\ +\ 3 \\ \hline 7 \end{array} \quad \begin{array}{r} 3 \\ +\ 2 \\ \hline 5 \end{array}$$

$$\begin{array}{r} 6 \\ +\ 3 \\ \hline 9 \end{array} \quad \begin{array}{r} 5 \\ +\ 1 \\ \hline 6 \end{array} \quad \begin{array}{r} 5 \\ +\ 3 \\ \hline 8 \end{array} \quad \begin{array}{r} 4 \\ +\ 4 \\ \hline 8 \end{array}$$

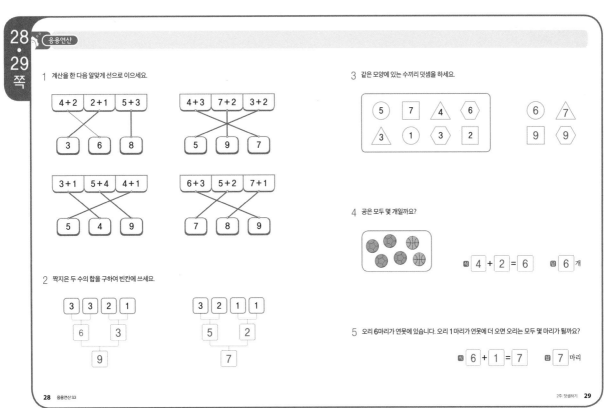

응용연산

1 계산을 한 다음 알맞게 선으로 이으세요.

$4+2$	$2+1$	$5+3$
3	6	8

$4+3$	$7+2$	$3+2$
5	9	7

$3+1$	$5+4$	$4+1$
5	4	9

$6+3$	$5+2$	$7+1$
7	8	9

3 같은 모양에 있는 수끼리 덧셈을 하세요.

5	7	4	6
3	1	3	2

6　7
9　9

4 공은 모두 몇 개일까요?

(식) $4 + 2 = 6$ 　 (답) 6 개

2 짝지은 두 수의 합을 구하여 빈칸에 쓰세요.

3　3　2　1
6　　3
9

3　2　1　1
5　　2
7

5 오리 6마리가 연못에 있습니다. 오리 1마리가 연못에 더 오면 오리는 모두 몇 마리가 될까요?

(식) $6 + 1 = 7$ 　 (답) 7 마리

30·31쪽

038 (작은 수)+(큰 수)

개념원리

두 수를 바꾸어 더해도 그 값은 같습니다. ☐안에 알맞은 수를 써 봅시다.

●●● ●●●●

3 + 4 = $\boxed{7}$

●●●● ●●●

4 + 3 = $\boxed{7}$

두 수를 바꾸어 더해도 그 값은 같습니다.

2 + 7 = $\boxed{9}$
7 + 2 = $\boxed{9}$

1 + 3 = $\boxed{4}$
3 + 1 = $\boxed{4}$

3 + 5 = $\boxed{8}$
5 + 3 = $\boxed{8}$

2 + 6 = $\boxed{8}$
6 + 2 = $\boxed{8}$

4 + 5 = $\boxed{9}$
5 + 4 = $\boxed{9}$

2 + 3 = $\boxed{5}$
3 + 2 = $\boxed{5}$

2 + 5 = $\boxed{7}$
5 + 2 = $\boxed{7}$

1 + 5 = $\boxed{6}$
5 + 1 = $\boxed{6}$

3 + 6 = $\boxed{9}$
6 + 3 = $\boxed{9}$

2 + 7 = $\boxed{7}$ + $\boxed{2}$
= $\boxed{9}$

 바꾸어 더해 보세요.

3 + 6 = $\boxed{6}$ + $\boxed{3}$
= $\boxed{9}$

1 + 2 = $\boxed{2}$ + $\boxed{1}$
= $\boxed{3}$

1 + 5 = $\boxed{5}$ + $\boxed{1}$
= $\boxed{6}$

2 + 4 = $\boxed{4}$ + $\boxed{2}$
= $\boxed{6}$

3 + 5 = $\boxed{5}$ + $\boxed{3}$
= $\boxed{8}$

4 + 5 = $\boxed{5}$ + $\boxed{4}$
= $\boxed{9}$

2 + 3 = $\boxed{3}$ + $\boxed{2}$
= $\boxed{5}$

3 + 4 = $\boxed{4}$ + $\boxed{3}$
= $\boxed{7}$

32·33쪽

응용연산

1 계산을 한 다음 알맞게 선으로 이으세요.

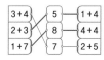

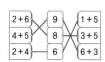

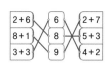

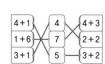

3 주어진 수를 한 번씩 사용하여 덧셈식 2개를 만드세요.

$\boxed{1}$ + $\boxed{4}$ = $\boxed{5}$

$\boxed{4}$ + $\boxed{1}$ = $\boxed{5}$

$\boxed{3}$ + $\boxed{4}$ = $\boxed{7}$

$\boxed{4}$ + $\boxed{3}$ = $\boxed{7}$

4 과일은 모두 몇 개일까요?

식 $\boxed{4}$ + $\boxed{5}$ = $\boxed{9}$ 답 $\boxed{9}$ 개

2 안쪽 수와 바깥쪽 수의 합을 ☐안에 쓰세요.

5 비둘기 2마리가 있습니다. 5마리가 더 날아왔습니다. 모두 몇 마리일까요?

식 $\boxed{2}$ + $\boxed{5}$ = $\boxed{7}$ 답 $\boxed{7}$ 마리

C 039 3월

덧셈식 만들기

올바른 덧셈식을 따라 미로를 통과하려 합니다. 덧셈식에 맞게 =를 넣어 보세요.

출발

5+3	7	3+4	6	1+6	7	4+2	4	2+7
=								
8	7	8	6	9
2+3 = 5	6+2 = 8	2+2	3	3+1	4	2+3
4	5	= 4	5	5
5+4	9	1+4	5	3+4 = 7	6+3	5+1
9	5	8	= 9	8
2+5	7	2+6	9	4+1	5	3+3	7+2
8	5	9	= 6	9
1+5	6	4+4	8	3+4	7	2+6 = 8	도착

세 수를 묶은 다음 +와 =를 넣어 덧셈식을 3개 만드세요.

4	1 + 7 = 8
6	5	4	3
+	2	1	+
1			2
=			=
7	3	9	5

5 + 3 = 8	9
4	1	2	4
+			
2	2	3 + 4 = 7
=			
6	5	3	6

7	2	4	5
			+
3	4	2	1
+			=
6	5	7	6
=			
9	3 + 3 = 6

3	5	4	5
+		+	
2	4	2	6
=		=	7
5	3	6	+
			1
2	3	7	= 8

5	2	1	6
			+
2 + 1 = 3	2
			=
6	4	7	8
2	3 + 1 = 4

응용연산

1 식에 맞게 선을 그리고 덧셈식을 쓰세요.

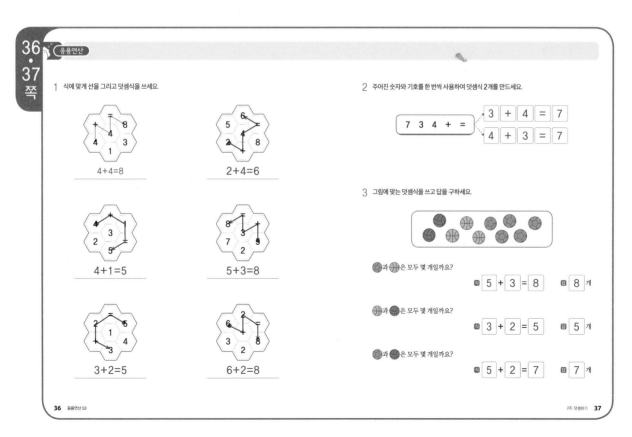

4+4=8

2+4=6

4+1=5

5+3=8

3+2=5

6+2=8

2 주어진 숫자와 기호를 한 번씩 사용하여 덧셈식 2개를 만드세요.

7 3 4 + =

3 + 4 = 7
4 + 3 = 7

3 그림에 맞는 덧셈식을 쓰고 답을 구하세요.

🔵과 🏀은 모두 몇 개일까요?
식 5 + 3 = 8   답 8 개

🏐과 🎱은 모두 몇 개일까요?
식 3 + 2 = 5   답 5 개

🔵과 🎱은 모두 몇 개일까요?
식 5 + 2 = 7   답 7 개

정답 및 해설 **9**

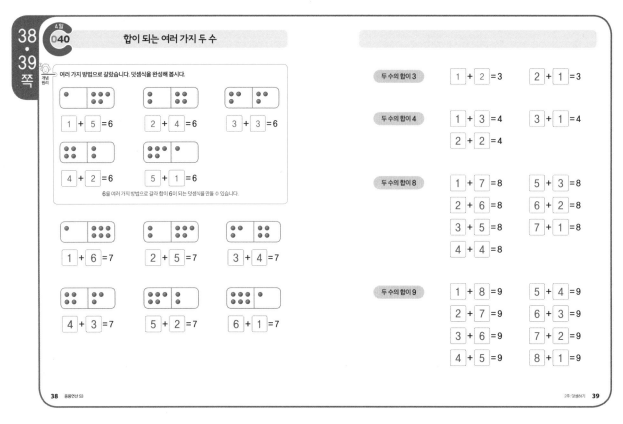

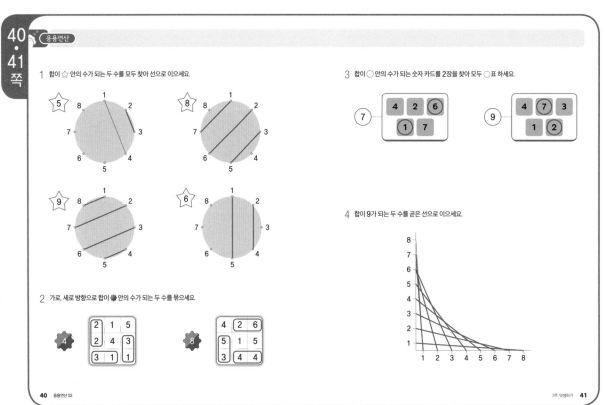

형성평가

1 계산을 한 다음 알맞게 선으로 이으세요.

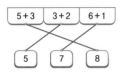

| 5 + 3 | 3 + 2 | 6 + 1 |

| 5 | 7 | 8 |

2 공은 모두 몇 개일까요?

식 6 + 3 = 9   답 9 개

3 계산을 한 다음 알맞게 선으로 이으세요.

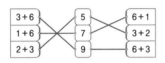

3 + 6		5		6 + 1
1 + 6		7		3 + 2
2 + 3		9		6 + 3

4 가로 또는 세로 방향으로 세 수를 묶은 다음, +와 =를 넣어 덧셈식 3개를 만드세요.

3 + 2 = 5   4
4   6   3   1
+
2   7   6   8
=
6   3 + 1 = 4

5 식에 맞게 선을 그리고 덧셈식을 쓰세요.

4+2=6   7+1=8

6 주어진 숫자와 기호를 한 번씩 사용하여 덧셈식 2개를 만드세요.

6 3 9 + =

3 + 6 = 9
6 + 3 = 9

7 두 수의 합이 5가 되는 덧셈식을 모두 쓰세요.

1 + 4 =5   2 + 3 =5

3 + 2 =5   4 + 1 =5

8 합이 7이 되는 두 수를 모두 찾아 선으로 이으세요.

9 가로, 세로 방향으로 합이 🌸 안의 수가 되는 두 수를 묶으세요.

 6

1	6	4
5	5	2
4	3	3

 8

2	1	5
3	1	6
4	4	4

□가 있는 덧셈

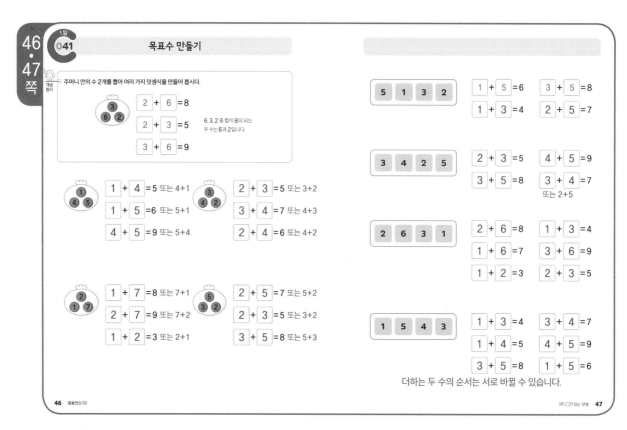

041 목표수 만들기

주머니 안의 수 2개를 뽑아 여러 가지 덧셈식을 만들어 봅시다.

2 + 6 = 8
2 + 3 = 5
3 + 6 = 9

6, 3, 2 중 합이 8이 되는 두 수는 6과 2입니다.

1 + 4 = 5 또는 4+1
1 + 5 = 6 또는 5+1
4 + 5 = 9 또는 5+4

2 + 3 = 5 또는 3+2
3 + 4 = 7 또는 4+3
2 + 4 = 6 또는 4+2

1 + 7 = 8 또는 7+1
2 + 7 = 9 또는 7+2
1 + 2 = 3 또는 2+1

2 + 5 = 7 또는 5+2
2 + 3 = 5 또는 3+2
3 + 5 = 8 또는 5+3

5 1 3 2
1 + 5 = 6   3 + 5 = 8
1 + 3 = 4   2 + 5 = 7

3 4 2 5
2 + 3 = 5   4 + 5 = 9
3 + 5 = 8   3 + 4 = 7
또는 2+5

2 6 3 1
2 + 6 = 8   1 + 3 = 4
1 + 6 = 7   3 + 6 = 9
1 + 2 = 3   2 + 3 = 5

1 5 4 3
1 + 3 = 4   3 + 4 = 7
1 + 4 = 5   4 + 5 = 9
3 + 5 = 8   1 + 5 = 6

더하는 두 수의 순서는 서로 바뀔 수 있습니다.

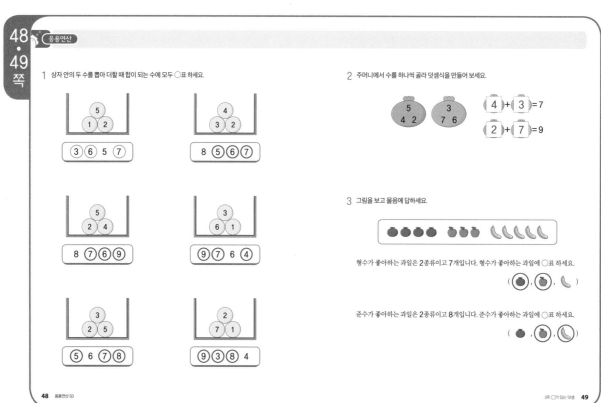

응용연산

1 상자 안의 두 수를 뽑아 더할 때 합이 되는 수에 모두 ○표 하세요.

5 1 2
③ ⑥ 5 ⑦

4 3 2
8 ⑤ ⑥ ⑦

5 2 4
8 ⑦ ⑥ ⑨

3 6 1
⑨ ⑦ 6 ④

3 2 5
⑤ 6 ⑦ ⑧

2 7 1
⑨ ③ ⑧ 4

2 주머니에서 수를 하나씩 골라 덧셈식을 만들어 보세요.

5 4 2   3 7 6

4 + 3 = 7
2 + 7 = 9

3 그림을 보고 물음에 답하세요.

형수가 좋아하는 과일은 2종류이고 7개입니다. 형수가 좋아하는 과일에 ○표 하세요.

(⬤ , 🍎 , ✓)

준수가 좋아하는 과일은 2종류이고 8개입니다. 준수가 좋아하는 과일에 ○표 하세요.

(⬤ , 🍎 , ✓)

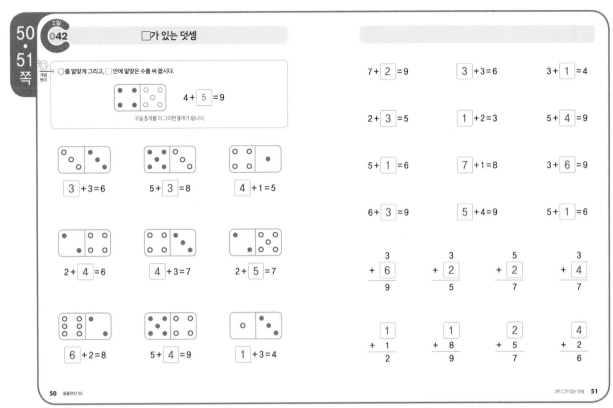

□가 있는 덧셈

○를 알맞게 그리고, □안에 알맞은 수를 써 봅시다.

$4 + \boxed{5} = 9$

구슬 5개를 더 그리면 9개가 됩니다.

$\boxed{3} + 3 = 6$

$5 + \boxed{3} = 8$

$\boxed{4} + 1 = 5$

$2 + \boxed{4} = 6$

$\boxed{4} + 3 = 7$

$2 + \boxed{5} = 7$

$\boxed{6} + 2 = 8$

$5 + \boxed{4} = 9$

$\boxed{1} + 3 = 4$

$7 + \boxed{2} = 9$ $\boxed{3} + 3 = 6$ $3 + \boxed{1} = 4$

$2 + \boxed{3} = 5$ $\boxed{1} + 2 = 3$ $5 + \boxed{4} = 9$

$5 + \boxed{1} = 6$ $\boxed{7} + 1 = 8$ $3 + \boxed{6} = 9$

$6 + \boxed{3} = 9$ $\boxed{5} + 4 = 9$ $5 + \boxed{1} = 6$

$\begin{array}{r} 3 \\ + \boxed{6} \\ \hline 9 \end{array}$ $\begin{array}{r} 3 \\ + \boxed{2} \\ \hline 5 \end{array}$ $\begin{array}{r} 5 \\ + \boxed{2} \\ \hline 7 \end{array}$ $\begin{array}{r} 3 \\ + \boxed{4} \\ \hline 7 \end{array}$

$\begin{array}{r} 1 \\ + \boxed{1} \\ \hline 2 \end{array}$ $\begin{array}{r} 1 \\ + \boxed{8} \\ \hline 9 \end{array}$ $\begin{array}{r} 2 \\ + \boxed{5} \\ \hline 7 \end{array}$ $\begin{array}{r} 4 \\ + \boxed{2} \\ \hline 6 \end{array}$

응용연산

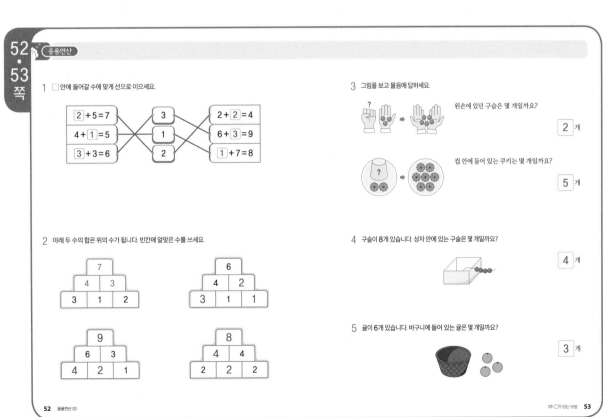

1 □안에 들어갈 수에 맞게 선으로 이으세요.

$\boxed{2} + 5 = 7$ $\boxed{3}$ $2 + \boxed{2} = 4$
$4 + \boxed{1} = 5$ $\boxed{1}$ $6 + \boxed{3} = 9$
$\boxed{3} + 3 = 6$ $\boxed{2}$ $\boxed{1} + 7 = 8$

2 아래 두 수의 합은 위의 수가 됩니다. 빈칸에 알맞은 수를 쓰세요.

	7	
4		3
3	1	2

	6	
4		2
3	1	1

	9	
6		3
4	2	1

	8	
4		4
2	2	2

3 그림을 보고 물음에 답하세요.

왼손에 있던 구슬은 몇 개일까요? $\boxed{2}$ 개

컵 안에 들어 있는 쿠키는 몇 개일까요? $\boxed{5}$ 개

4 구슬이 8개 있습니다. 상자 안에 있는 구슬은 몇 개일까요? $\boxed{4}$ 개

5 귤이 6개 있습니다. 바구니에 들어 있는 귤은 몇 개일까요? $\boxed{3}$ 개

3일
043

□ 찾고 덧셈하기

○안에 알맞은 수를 찾고 덧셈을 하여 빈칸을 채워 봅시다.

3+○=5이므로
더하는 수는 2입니다.

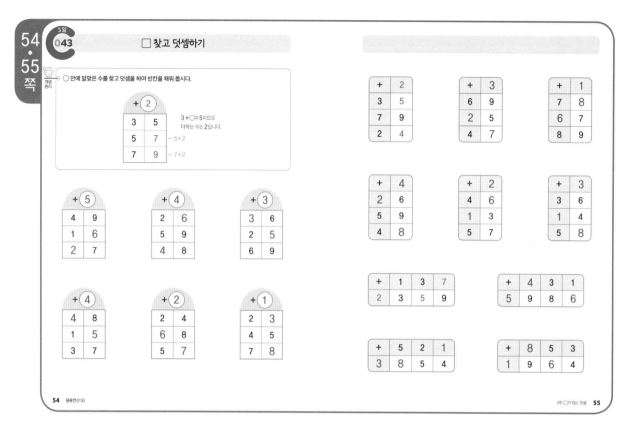

응용연산

1 ○안에 알맞은 수를 쓰고 관계있는 것끼리 선으로 이으세요.

2 가로, 세로로 두 수의 합에 맞게 상자 안의 수를 빈칸에 쓰세요.

3 ○안의 수와 바깥쪽 수의 합을 쓴 것입니다. 빈 곳에 알맞은 수를 쓰세요.

4 수가 요술 상자에 들어가면 다른 수로 바뀌어 나옵니다. 물음에 답하세요.

3은 어떤 수로 바뀔까요?

2는 어떤 수로 바뀔까요?

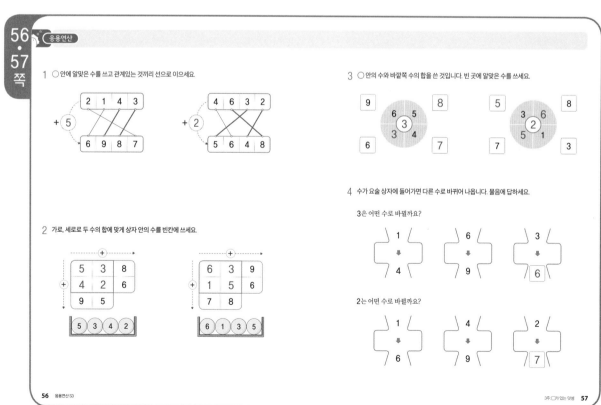

044 어떤 수 구하기

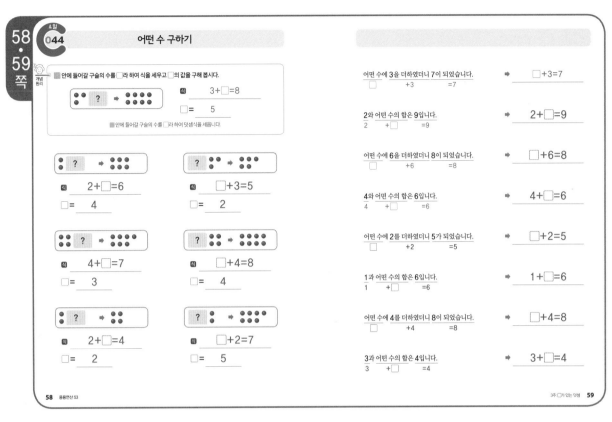

안에 들어갈 구슬의 수를 □라 하여 식을 세우고 □의 값을 구해 봅시다.

식 3+□=8
□ = 5

■안에 들어갈 구슬의 수를 □라 하여 덧셈식을 세웁니다.

식 2+□=6
□ = 4

식 □+3=5
□ = 2

식 4+□=7
□ = 3

식 □+4=8
□ = 4

식 2+□=4
□ = 2

식 □+2=7
□ = 5

어떤 수에 3을 더하였더니 7이 되었습니다.
□   +3   =7
➡ □+3=7

2와 어떤 수의 합은 9입니다.
2   +□   =9
➡ 2+□=9

어떤 수에 6을 더하였더니 8이 되었습니다.
□   +6   =8
➡ □+6=8

4와 어떤 수의 합은 6입니다.
4   +□   =6
➡ 4+□=6

어떤 수에 2를 더하였더니 5가 되었습니다.
□   +2   =5
➡ □+2=5

1과 어떤 수의 합은 6입니다.
1   +□   =6
➡ 1+□=6

어떤 수에 4를 더하였더니 8이 되었습니다.
□   +4   =8
➡ □+4=8

3과 어떤 수의 합은 4입니다.
3   +□   =4
➡ 3+□=4

응용연산

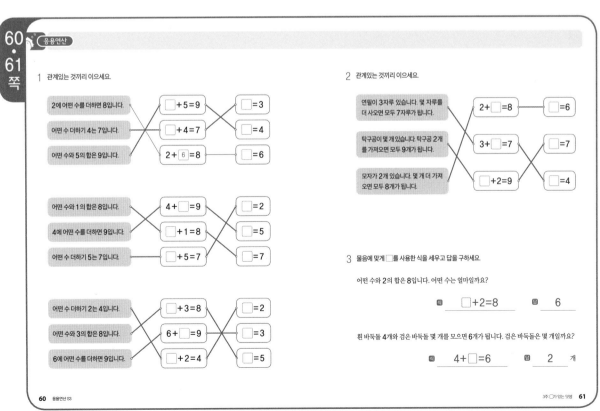

1 관계있는 것끼리 이으세요.

2에 어떤 수를 더하면 8입니다.
어떤 수 더하기 4는 7입니다.
어떤 수와 5의 합은 9입니다.

□+5=9
□+4=7
2+ 6 =8

□=3
□=4
□=6

어떤 수와 1의 합은 8입니다.
4에 어떤 수를 더하면 9입니다.
어떤 수 더하기 5는 7입니다.

4+□=9
□+1=8
□+5=7

□=2
□=5
□=7

어떤 수 더하기 2는 4입니다.
어떤 수와 3의 합은 8입니다.
6에 어떤 수를 더하면 9입니다.

□+3=8
6+□=9
□+2=4

□=2
□=3
□=5

2 관계있는 것끼리 이으세요.

연필이 3자루 있습니다. 몇 자루를 더 사오면 모두 7자루가 됩니다.
탁구공이 몇 개 있습니다. 탁구공 2개를 가져오면 모두 9개가 됩니다.
모자가 2개 있습니다. 몇 개 더 가져오면 모두 8개가 됩니다.

2+□=8
3+□=7
□+2=9

□=6
□=7
□=4

3 물음에 맞게 □를 사용한 식을 세우고 답을 구하세요.

어떤 수와 2의 합은 8입니다. 어떤 수는 얼마일까요?

식 □+2=8   답 6

흰 바둑돌 4개와 검은 바둑돌 몇 개를 모으면 6개가 됩니다. 검은 바둑돌은 몇 개일까요?

식 4+□=6   답 2 개

정답 및 해설 15

62·63쪽

62·63 쪽

5일 형성평가

1 상자 안의 두 수를 뽑아 더할 때 합이 되는 수에 모두 ○표 하세요.

2 주머니에서 수를 하나씩 골라 덧셈식을 만들어 보세요.

3 아래 두 수의 합은 위의 수가 됩니다. 빈칸에 알맞은 수를 쓰세요.

4 ○ 안에 알맞은 수를 찾고 빈칸에 채우세요.

5 가로, 세로로 두 수의 합에 맞게 상자 안의 수를 빈칸에 쓰세요.

6 □를 사용한 식으로 나타내세요.

어떤 수에 6을 더하였더니 9가 되었습니다.
□ +6 =9 ➡ □+6=9

4와 어떤 수의 합은 7입니다.
4 +□ =7 ➡ 4+□=7

64쪽

7 수가 요술 상자에 들어가면 다른 수로 바뀌어 나옵니다. 5는 어떤 수로 바뀔까요?

```
  3         7         5
  ↓         ↓         ↓
  5         9        ⌐7⌐
```

8 관계있는 것끼리 이으세요.

어떤 수와 2의 합은 7입니다.	2+□=5	□=2
2에 어떤 수를 더하면 5입니다.	□+7=9	□=3
어떤 수 더하기 7은 9입니다.	□+2=7	□=5

9 밤을 4개 주웠습니다. 몇 개를 더 주웠더니 8개가 되었습니다. 몇 개를 더 주웠을까요?
□를 사용한 식을 세우고 답을 구하세요.

식 4+□=8   답 4 개

세 수의 합

045 세 수의 덧셈

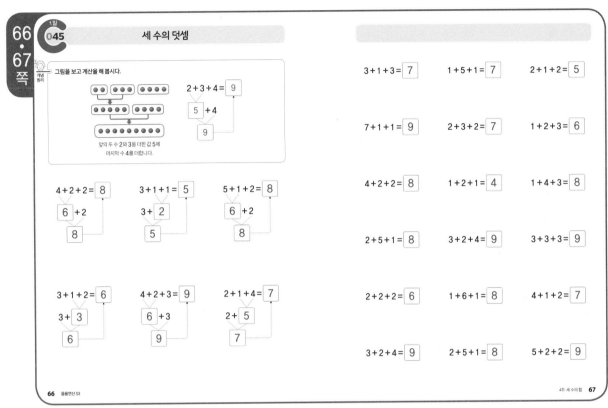

응용연산

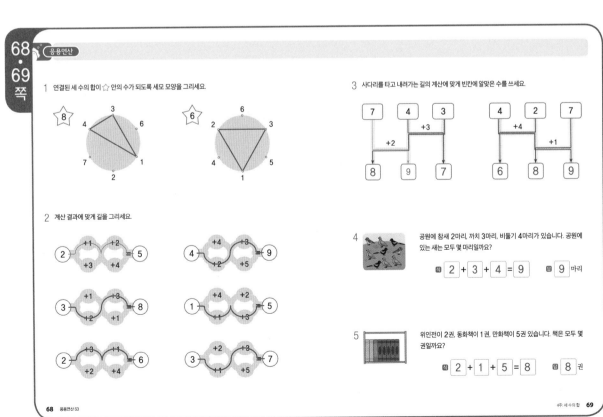

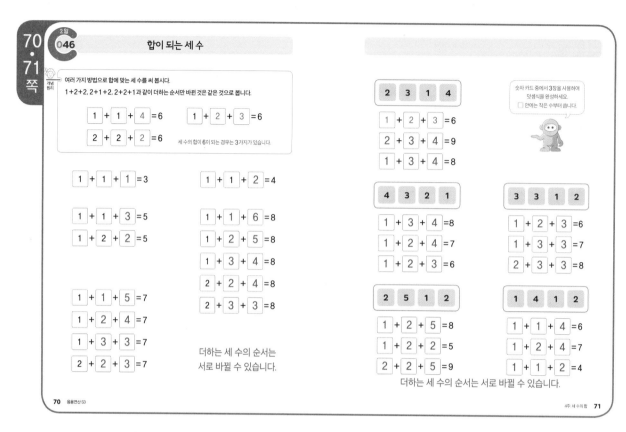

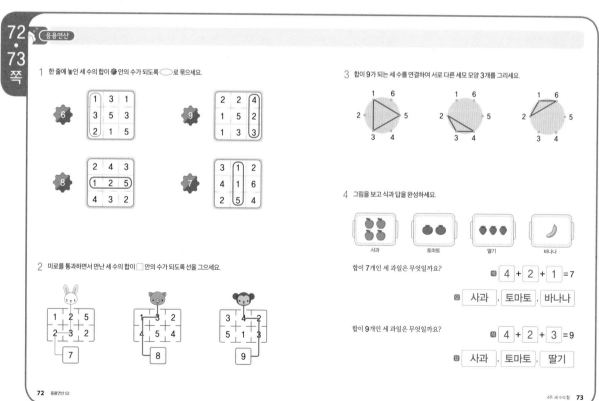

74·75쪽

3일 047 □가 있는 세 수의 덧셈

수직선을 보고 □안에 알맞은 수를 써 봅시다.

2 [3] 2
0 1 2 3 4 5 6 7 8 9 10

$2 + \boxed{3} + 2 = 7$

1 4 [4]
0 1 2 3 4 5 6 7 8 9 10
$1 + 4 + \boxed{4} = 9$

[2] 4 3
0 1 2 3 4 5 6 7 8 9 10
$\boxed{2} + 4 + 3 = 9$

2 [3] 1
0 1 2 3 4 5 6 7 8 9 10
$2 + \boxed{3} + 1 = 6$

[4] 2
0 1 2 3 4 5 6 7 8 9 10
$1 + \boxed{4} + 2 = 7$

[2] 1 2
0 1 2 3 4 5 6 7 8 9 10
$\boxed{2} + 1 + 2 = 5$

3 [2] 4
0 1 2 3 4 5 6 7 8 9 10
$3 + \boxed{2} + 4 = 9$

$1 + 3 + \boxed{5} = 9$ $\boxed{4} + 1 + 3 = 8$

$1 + \boxed{6} + 2 = 9$ $4 + \boxed{1} + 2 = 7$

$\boxed{3} + 2 + 3 = 8$ $2 + 1 + \boxed{5} = 8$

$1 + \boxed{2} + 3 = 6$ $3 + \boxed{2} + 2 = 7$

$1 + 2 + \boxed{2} = 5$ $\boxed{7} + 1 + 1 = 9$

$2 + \boxed{2} + 4 = 8$ $1 + \boxed{1} + 4 = 6$

$\boxed{4} + 2 + 3 = 9$ $5 + 1 + \boxed{1} = 7$

$2 + \boxed{1} + 4 = 7$ $3 + 3 + \boxed{3} = 9$

74 응용연산 S3   4주·세 수의 합 75

76·77쪽

응용연산

1 세 수의 합이 같도록 두 부분으로 나누세요.

5	1	1
2	4	3

3	1	5
1	3	1

4	4	1
6	2	1

1	2	3
2	2	2

1	2	3
3	5	4

1	2	2
1	5	3

2 ◇안의 수는 가로, 세로로 놓인 세 수의 합입니다. 합에 맞게 빈칸에 수를 쓰세요.

⟨6⟩

1	3	2
3	2	1
2	1	3

⟨9⟩

4	4	1
3	1	5
2	4	3

⟨8⟩

2	4	2
1	2	5
5	2	1

3 한 줄에 놓인 세 수의 합이 9가 되도록 빈칸을 채우세요.

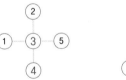

4 물음에 맞는 식에 ○표 하고, 답을 구하세요.

농장에 오리 2마리, 염소 몇 마리, 닭 3마리가 있는데 모두 7마리입니다. 염소는 몇 마리 있을까요?

| 2+3=7 | (2+□+3=7) | 2+3+1=6 |

답 **2** 마리

버스에 2명이 타고 있었습니다. 첫 번째 정류장에서 1명, 두 번째 정류장에서 몇 명이 타서 모두 8명이 되었습니다. 두 번째 정류장에서 몇 명이 탔을까요?

| 2+1=8 | 2+1+□=5 | (2+1+□=8) |

답 **5** 명

76 응용연산 S3   4주·세 수의 합 77

78·79쪽

C 048 4일 모양이 나타내는 수의 덧셈

개념원리 같은 모양에는 같은 수, 다른 모양에는 다른 수가 들어갑니다. 빈칸을 채워 봅시다.

$$2 + \boxed{4} = 6$$
$$\boxed{4} + ③ = 7$$

2+□=6이므로 □안의 수는 4입니다.
4+○=7이므로 ○안의 수는 3입니다.

△② + △② = 4
⬠⑤ + △② = 7

○③ + ○③ = 6
☆② + ♡③ = 5

○④ + 3 = 7
◇② + ○④ = 6

5 + ○④ = 9
◇④ + ⬠① = 5

2 + ♡③ = 5
⬠⑤ + ♡③ = 8

☆② + 3 = 5
○⑦ + ☆② = 9

◇④ + ◇④ = 8
◇④ + ⬠⑤ = 9

△③ + 4 = 7
◇③ + ◇⑥ = 9

1 + 1 = ②

②+ 1 + 1 = ④

□④ + 5 = ⬠⑨

6 + ☆③ = 9

1 + ☆③ + 5 = ♡⑨

△⑦ + 2 = ○⑨

2 + 1 = ⬠③

□⑤ + 1 + ☆③ = 9

◇④ + 1 = □⑤

1 + ⑦ = 8

4 + △② + 1 = ○⑦

6 + △② = ◇⑧

④+④= ♡⑧

4 + 3 + 1 = ○⑧

1 + ④= ⑤

6 + ③= 9

2 + ③+ 2 = □⑦

□⑦ + 2 = ☆⑨

80·81쪽

응용연산

1 같은 모양은 같은 수, 다른 모양은 다른 수를 나타냅니다. 사각형 밖의 수는 각 줄의 합입니다. 빈칸을 채우세요.

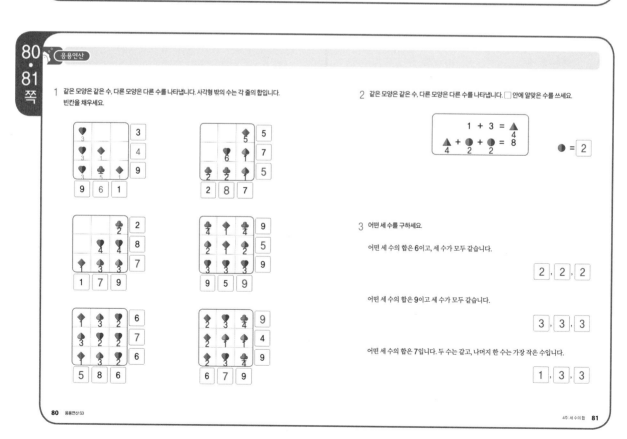

2 같은 모양은 같은 수, 다른 모양은 다른 수를 나타냅니다. □안에 알맞은 수를 쓰세요.

1 + 3 = ▲ 4
▲ + ● + ● = 8
4　2　2

● = □2

3 어떤 세 수를 구하세요.

어떤 세 수의 합은 6이고, 세 수가 모두 같습니다.

2, 2, 2

어떤 세 수의 합은 9이고, 세 수가 모두 같습니다.

3, 3, 3

어떤 세 수의 합은 7입니다. 두 수는 같고, 나머지 한 수는 가장 작은 수입니다.

1, 3, 3

형성평가

1 계산 결과에 맞게 길을 그리세요.

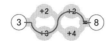

2 공원에 참새 4마리, 까치 2마리, 비둘기 2마리가 있습니다.
공원에 있는 새는 모두 몇 마리일까요?

식 $4 + 2 + 2 = 8$ 답 8 마리

3 숫자 카드 중에서 3장을 뽑아 덧셈식을 만듭니다. □ 안에 알맞은 수를 쓰세요. (단, □ 안에
는 작은 수부터 씁니다.)

$2 + 2 + 3 = 7$

$2 + 2 + 4 = 8$

$2 + 3 + 4 = 9$

4 한 줄에 놓인 세 수의 합이 ✿ 안의 수가 되도록 ◯로 묶으세요.

5 ◇ 안의 수는 가로, 세로로 놓인 세 수의 합입니다. 합에 맞게 빈칸에 수를 쓰세요.

6 □를 사용한 식을 세우고 물음에 답하세요.

정현이는 연필 2자루를 가지고 있었습니다. 민우에게 몇 자루, 승호에게 3자루를 받
아 7자루가 되었습니다. 민우에게 받은 연필은 몇 자루일까요?

식 $2 + □ + 3 = 7$ 답 2 자루

7 같은 모양에는 같은 숫자, 다른 모양에는 다른 숫자가 들어갑니다. 빈칸을 채우세요.

$3 + ⭐4 = 7$

$1 + △2 + 5 = 8$

$△2 + ⭐4 = ♡6$

8 같은 모양은 같은 수, 다른 모양은 다른 수를 나타냅니다. 사각형 밖의 수는 각 줄의 합입니다.
빈칸을 채우세요.

2	4	3	9
4	1	3	5
4	1	3	8
7	6	9	

9 어떤 세 수의 합은 9입니다. 두 수는 같고 나머지 한 수는 다른 수보다 작습니다. 어떤 세 수는
무엇일까요?

"

Numbers rule the universe.

"

"수가 우주를 지배한다"

Pythagoras, 피타고라스